国家智库报告 2015（4）
National Think Tank

中国海外投资国家风险评级报告（2015）

张明 王永中 等著

COUNTRY-RISK RATING OF OVERSEAS INVESTMENT FROM CHINA (CROIC-IWEP) (2015)

中国社会科学出版社

图书在版编目(CIP)数据

中国海外投资国家风险评级报告. 2015/张明等著 . —北京：中国社会科学
出版社，2015.6

（国家智库报告）

ISBN 978 – 7 – 5161 – 6187 – 6

Ⅰ.①中… Ⅱ.①张… Ⅲ.①海外投资—风险评价—
研究报告—中国—2015 Ⅳ.①F832.6

中国版本图书馆 CIP 数据核字（2015）第 111151 号

出 版 人	赵剑英
责任编辑	王 茵
特约编辑	陈雅慧
责任校对	刘 娟
责任印制	李寡寡

出 版	中国社会科学出版社
社 址	北京鼓楼西大街甲 158 号
邮 编	100720
网 址	http://www.csspw.cn
发 行 部	010 – 84083685
门 市 部	010 – 84029450
经 销	新华书店及其他书店

印刷装订	北京君升印刷有限公司
版 次	2015 年 6 月第 1 版
印 次	2015 年 6 月第 1 次印刷

开 本	787×1092 1/16
印 张	13.75
插 页	2
字 数	172 千字
定 价	46.00 元

摘要：本报告从中国的企业和主权财富的海外投资视角出发，在全面梳理与系统概括国家风险评估理论，并充分借鉴多家国际知名评级机构的主权信用和国家风险的评级实践的基础上，构建了经济基础、偿债能力、社会弹性、政治风险和对华关系共5个大指标40个子指标，全面量化评估了中国企业海外投资的36个主要东道国所面临的战争风险、国有化风险、政党更迭风险、缺乏政府间协议保障风险、金融风险以及东道国安全审查等主要风险。本评级体系试图通过提供风险警示，为企业降低海外投资风险、提高海外投资成功率提供参考。评级结果显示，发达国家风险评级得分普遍高于新兴经济体，投资风险较低，而非洲和拉丁美洲的国家的风险评级得分低，排名靠后，投资风险高。在排名前10位的国家中有8个国家为发达经济体，25个新兴经济体中只有新加坡和韩国进入前10位，新兴经济体中金砖国家排名普遍处于中下游。

关键词：中国海外投资　国家风险评级　评级体系和方法

目 录

上 篇

中　篇

2014 年中国对外投资季度报告

下篇

2014 年中国跨境资本流动季度报告

上　篇

第一章

2015 年中国海外投资国家
风险评级报告

一 评级背景

中国已经是国际投资舞台上重要的参与者。继 2012 年首次位列世界第三大对外投资国以来，中国对外直接投资继续保持强劲增长态势，2013 年再创历史新高，达到 1078 亿美元，较上年增长了 22.8%。自 2003 年中国商务部联合国家统计局、国家外汇管理局发布权威年度数据以来，中国对外直接投资流量实现连续 11 年增长，2002—2013 年年均增速达到 39.8%。未来，随着中国经济转型升级以及企业竞争力逐渐增强，再加上资本项目的渐进加快开放，"海外中国"的量体将更为巨大。

中国企业对外直接投资迅速增长的同时，所受外部风险显著提升。千余伊拉克电站中方员工撤退失败被困、中铝在秘鲁的铜矿项目被叫停、中国员工在赞比亚受袭、安邦收购纽约酒店被重估等成为投资受阻和失败的典型案例。因此，做好风险预警，进行正确识别并有效应对，是中国企业保持经营的稳定性和延续性、提高海外投资成功率的必要保障。

二 各评级机构评级方法综述

（一）发布国家风险评级的机构简介

国家风险评级可以追溯到第一次世界大战之前的美国。经过近一个世纪的发展，市场上形成了标准普尔（Standard & Poor）、穆迪（Moody's）和惠誉（Fitch）三家美国信用评级机构垄断的局面，占据全球90%以上的市场份额。

标准普尔是全球知名的独立的信用评级机构，它拥有150多年的历史并在全球23个国家和地区设有办事处。目前，标准普尔对126个国家和地区的主权信用进行了评级，并于每周更新各个国家和地区的主权信用评级。穆迪主要对参与国际资本市场的一百多个国家和地区进行评级，其分支机构遍布全球29个国家和地区，员工总计约7000人。惠誉是唯一一家欧洲控股的评级机构，其规模较以上两家稍小。如今，经历了数次并购和巨大增长之后，惠誉评级已成长为世界领先的国际信用评级机构，在全球设立了50家分支机构和合资公司，致力于为国际信用市场提供独立和前瞻性的评级观点、研究成果及数据报告。

与此同时，不同类型、各具特色的评级机构也蓬勃发展，通过差异化竞争在市场上谋得一席之地。其中比较出名的包括：经济学家情报单位（EIU, Economist Intelligence Unit）、国际国别风险评级指南机构（ICRG）以及环球透视（GI, IHS Global Insight）。

EIU是"经济学家集团"下属独立单位，主要进行经济预测和咨询服务，覆盖全球120个国家和地区。EIU风险服务的目标客户是由于从事借款、贸易信贷，以及其他商业活动而面临跨境信用风险或金融风险的机构。

ICRG自1980年起便开始定期发布国际国家风险指南。目前，该指南的国别风险分析覆盖了全球近140多个国家，并以季度为基础进行数据更新并逐月发布。

GI 于 2001 年成立，目前为 3800 多家客户提供详尽的国家风险分析，主要针对在海外开展商业活动的投资者。GI 评级的覆盖范围超过 200 个国家和地区。作为一家付费咨询机构，分析的风险对象涵盖范围极广，包括国家的环境、主权信用乃至一国某个地区的运营风险。

由于评级体系的构建对方法的科学性、全面性和多样性都有较高的要求，同时数据采集和处理具有较高的复杂性，目前评级市场仍然由发达国家的评级机构占主导地位，发展中国家的评级机构大多处于起步阶段。这其中包括了中国的大公国际资信评估公司。

作为首个来自发展中国家的信用评级企业，大公国际资信评估公司（简称大公）提出了自己的主权信用评级标准和方法，定期发布主权信用评级报告。到目前为止，大公已经发布了全球 90 个国家和地区的信用等级，以亚洲、大洋洲和欧洲居多，其中具有 AAA 级的国家和地区有 7 个。

此外，由中国社会科学院世界经济与政治研究所推出的中国海外投资国家风险评级体系（CROIC）也将成为新兴市场国家评级机构发展的重要组成部分。

（二）评级对象

标准普尔、穆迪和惠誉三大评级机构从定性和定量的角度，对主权国家政府足额、准时偿还债务的能力和意愿进行综合性评估，针对的是主权债务的综合风险。大公国际和 ICRG 也遵循着类似的原则，对主权债务风险做出判断。在金融市场上，该风险的具体表现往往是一国国债的违约概率、预期损失和回收率。

EIU 的评级对象除了主权风险之外还单列出货币风险和银行部门风险。ICRG 的评级对象更具独特性，针对的是直接投资风险，因此除了金融市场因素以外，还往往涉及和当地经营直接相关的因素，比如治安环境等。

中国社会科学院的中国海外投资国家风险评级体系（CRO-IC）则综合考量了债务投资和直接投资的风险，与目前中国海外投资形式的多样性紧密契合。

（三）评级指标体系

尽管三大评级机构和大公、EIU、ICRG 和 GI 一共七家评级机构的评级对象各有不同，但指标体系都可以大致分为经济、政治和社会三大模块。

在经济方面，一国的人均收入、国民生产总值等指标可以反映出该国的经济基础。而一国的外债占进出口比重、财政收入赤字占 GDP 比重等指标可以反映出该国的短期偿债能力。经济基础和短期偿债能力共同构成了一国的总体偿债实力。

在政治方面，各大机构都会对政治稳定性、参与度、治理有效性等指标做出考察。政治风险在本质上衡量的是一国的偿债意愿。即使一国财政实力充足，资源丰富，但由于政治动乱依然可能加大该国的偿债风险。

在社会方面，不同的评级机构有不同的处理方法。大部分机构注重考察社会的弹性程度，也就是社会应对危机的能力，这往往在种群和谐程度、法律健全程度等指标上有所反映。对于衡量直接投资风险的 GI 评级体系来说，社会弹性是尤其重要的指标模块。

中国海外投资国家风险评级体系（CROIC）则综合了上述的经济、政治和社会因素的考量，并引入与中国关系这一指标模块，力求更加全面、综合、具有针对性地衡量中国海外投资的风险。

（四）评级方法特点

在制度偏好方面，标准普尔、穆迪与惠誉三大评级机构和

ICRG 都将政治因素视为统领国家信用评级标准的核心，将政治自由化程度、民主政治观念和体制等作为评判一国政治好坏的标准，同时强调经济开放对于一国信用等级的正面作用。这在一定程度上忽略了各国的具体国情。大公在评级时特别突出了国家管理能力这一指标，力求避免完全以西方政治生态为标杆的评级模式。但由于缺乏一定的评判标准，如何对各国的治理水平进行客观公正的衡量成为摆在大公面前的一道难题。EIU 在经济实力的评价上对发达国家、发展中国家和欧元区国家做出了区分，采用不同的评级标准，对制度偏好的问题有所改善。GI 则更加强调制度的实际效果，而且由于政治制度所占的权重相对较小，在制度偏好上较为中立。

在客观程度方面，由于客观的定量因素不能完全衡量一国的国家风险，因此定性指标是必须的。这对于无法定量衡量的政治与社会风险来说尤其重要。所有 7 个评级机构都采取了定性与定量相结合的评级方法，其中定性指标的量化通常采用专家打分的方式，并且最终的评级结果也都由评级委员会通过主观调整后给出。这不可避免地会引入分析师的主观判断因素。此外，几乎所有的评级机构都是营利性机构，向客户收取评级费用和年费是其主要的收入来源。而被评对象为了获得高级别，也会甘愿支付高额评级费用。因此，双方利益的驱动或会对评级的独立客观性造成影响。

在指标体系的全面性上，三大评级机构的指标体系都涵盖了政治、经济和外部风险。但从反映各大因素的每一个细项指标来看，惠誉的指标体系要比标准普尔和穆迪更加具体。大公特别突出了政府治理水平和金融水平两大因素对于主权风险的影响作用。为了摒弃三大评级机构的制度偏好，大公将国家治理水平列为一个独立因素进行分析。此外，它还将金融因素从经济因素中抽离出来进行更细致的评估。

EIU 和 GI 的指标体系也较为全面。其中，EIU 包含有 60 个细分指标，涵盖面较广。比如在融资和流动性模块下，EIU 包括有银行业不良贷款比率、经济合作与发展组织（OECD）国家短期利率、银行业信贷管理能力等细致指标，这对银行部门的风险衡量十分有效。GI 的指标体系也涵盖到了直接投资和商业运营的大多数方面。相比之下，ICRG 的评级体系中政治类指标占了大多数，而经济和金融风险的指标相对较少，只选取了比较有代表性的几个指标。这样的评级方法过于偏重政治风险。

在前瞻性方面，几大评级机构都不能预期货币和银行危机，而只能在事后进行调整。这主要是因为评级机构在评估时过度依赖于历史数据，缺乏对一国的长期发展趋势的判断，使得评级效果大打折扣。但机构对未来进行预测时又不可避免会引入主观评判。因此，如何更快地更新数据，对未来进行科学预测，是所有评级方法都面临的挑战。

在透明度方面，一个完整的信用评价体系应当包括评估对象、指标体系、打分方法、权重设定和评级结果五点，而几乎所有的评级机构仅对外公布评级结果和一部分评级方法，所有的指标数据和最终得分并不公开，因此透明度还有待提高。但这也与机构的商业性质和数据的核心机密性有关。

在是否适合中国国情方面，大部分评级机构没有对此进行单独考虑。中国对外投资活动日益频繁，而且出现了独特的国别特征，值得考虑。例如，中国对外债权、股权等金融市场间接投资和直接投资并举，其中在发达市场上以国债购买为主，在新兴市场上以直接投资为主。因此，在衡量国别风险时，值得对这些因素进行细致考察。此外，在当今国际局势不断变化的环境下，随着中国国家力量的上升，不同国家与中国外交关系的远近，甚至民间交往的深度和广度，都会对以中国为主体的投资行为有所影响。大公国际和中国海外投资国家风险评级体系（CROIC）对此都有单独考量，在一定程度上弥补了传统评级机构方法的不足。

三　CROIC‑IWEP 国家风险评级方法

（一）指标选取

为了全面量化评估中国企业海外投资面临的主要风险，本评级体系纳入经济基础、偿债能力、社会弹性、政治风险、对华关系五大指标，共40个子指标。

1. 经济基础

经济基础指标提供了一个国家投资环境的长期基础，较好的经济基础是中国企业海外投资收益水平和安全性的根本保障。

经济基础指标包含 10 个子指标（见表 1‑1），其中：GDP、人均 GDP、基尼系数衡量了一国的经济规模和发展水平；经济增长率、通货膨胀率和失业率衡量了一国的经济绩效；GDP 增速的波动系数衡量了一国经济增长的稳定性。本体系还从贸易、投资、资本项目三个方面衡量了一国的开放度。

表 1‑1　　　　　　　　经济基础指标

经济基础指标	指标说明	数据来源
1. 市场规模	GDP 总量	CEIC，WDI
2. 发展水平	人均 GDP	CEIC，WDI
3. 经济增速	GDP 增速	CEIC，WDI
4. 经济波动性	GDP 增速的波动性（5 年波动系数）	CEIC，WDI
5. 贸易开放度	（进口＋出口）/GDP	CEIC，WDI
6. 投资开放度	（外商直接投资＋对外直接投资）/GDP	CEIC，WDI
7. 资本账户开放度	Chiu‑Ito 指数（CI）	Bloomberg
8. 通货膨胀	居民消费价格指数（CPI）	CEIC，WDI
9. 失业率	失业人口占劳动人口的比率	CEIC，WDI
10. 收入分配	基尼系数	CEIC，WDI

注：CEIC 为香港环亚经济数据有限公司数据库，WDI 为世界银行 World Development Indicators，彭博 Bloomberg 是全球领先的金融数据供应商。

2. 偿债能力

偿债能力指标衡量了一国公共部门和私人部门的债务动态和偿债能力。如果一国爆发债务危机，包括直接投资和财务投资在内的各种类型的投资安全都会受到影响。

偿债能力指标包含 8 个子指标（见表 1-2），其中：公共债务占 GDP 比重和银行业不良资产比重主要用于衡量一国国内公共部门和私人部门的债务水平；外债占 GDP 比重和短期外债占总外债比重衡量了一国外债的规模和在短期爆发的风险；财政余额占 GDP 比重衡量了一国的财政实力，外债占外汇储备比重衡量了一国的外汇充裕度，再加上经常账户余额占 GDP 比重以及贸易条件，共同反映了一国的偿债能力。

表 1-2   偿债能力指标

偿债能力指标	指标说明	数据来源
1. 公共债务/GDP	公共债务指各级政府总债务	WEO
2. 外债/GDP	外债指年末外债余额	WDI，QEDS
3. 短期外债/总外债	短期外债指期限在一年或一年以下的债务	WDI，QEDS
4. 财政余额/GDP	财政余额等于财政收入 – 财政支出	WEO
5. 外债/外汇储备	外债指年末外债余额	WDI
6. 经常账户余额/GDP	经常账户余额为货物和服务出口净额、收入净额与经常转移净额之和	WDI
7. 贸易条件	出口价格指数/进口价格指数	WDI
8. 银行业不良资产比重	银行不良贷款占总贷款余额的比重	WDI

注：WEO 为国际货币基金组织 World Economic Outlook Databases，WDI 为世界银行 World Development Indicators，QEDS 为国际货币基金组织和世界银行 Quarterly External Debt Statistics。

3. 社会弹性

社会弹性指标反映了影响中国企业海外投资的社会风险因素，良好的社会运行秩序能确保企业有序的经营。

社会弹性指标包含 8 个子指标（见表 1 - 3），其中：教育水平衡量了一个国家基本的劳动力素质；社会、种族、宗教冲突的严重性以及犯罪率衡量了一国的内部冲突程度和社会安全；环境政策、资本和人员流动限制、劳动力市场管制和商业管制反映了一国的经商环境。劳动力素质越高、内部冲突程度越低、社会安全和经商环境越好，企业投资的风险越小。

表 1 - 3　　　　　　　　　　社会弹性指标

社会弹性指标	指标说明	数据来源
1. 内部冲突	社会、种族、宗教冲突严重性，1—10 分，分数越高，内部冲突程度越严重	BTI
2. 环境政策	对环境议题的重视，1—10 分，分数越高，环境政策越严厉	BTI
3. 资本和人员流动的限制	对资本和人员流动的限制，0—10 分，分数越高，资本和人员流动越自由	EFW
4. 劳动力市场管制	劳动力市场管制包括雇佣和解雇规定，最低工资和工作时间规定等，0—10 分，分数越高，劳动力市场管制越低	EFW
5. 商业管制	行政和官僚成本，开业难易，营业执照限制等，0—10 分，分数越高，商业管制越低	EFW
6. 教育水平	平均受教育年限	UNESCO
7. 社会安全	每年每十万人中因谋杀死亡的人数	UNODC
8. 其他投资风险	包括没有被其他政治、经济、金融风险要素所覆盖的投资风险，0—12 分，分数越高，其他投资风险越大	ICRG

注：BTI 为 Transformation Index of the Bertelsmann Stiftung，EFW 为 Fraser Institute 的 Economic Freedom of the World 年度报告，ICRG 为 PRS 集团 International Country Risk Guide，UNESCO 为联合国教科文组织，UNODC 为联合国毒品和犯罪问题办公室。

4. 政治风险

政治风险指标考察的是一国政府的稳定性和质量,以及法律环境和外部冲突,较低的政治风险是企业安全投资的先决条件之一。

政治风险指标包含8个子指标(见表1-4),其中:任期还剩多少年、政府执行所宣布政策的能力以及保持政权的能力、军事干预政治三个子指标反映了一国政府的稳定性;政治体系的腐败程度、政府对民众诉求的回应、公共服务和行政部门的质量反映了一国政府的治理质量;法制水平是契约和产权保护的重要保证。一国政府的稳定性和治理质量越高、法制环境越健全、外部冲突越小,中国企业在其投资的风险越低。

表 1-4　　　　　　　　　　政治风险指标

政治风险指标	指标说明	数据来源
1. 执政时间	任期还剩多少年	DPI
2. 政府稳定性	政府执行所宣布政策的能力以及保持政权的能力,0—12分,分数越高,政府越不稳定	ICRG
3. 军事干预政治	军队部门对一国政府的参与程度,0—6分,分数越高,军事干预政治越严重	ICRG
4. 腐败	政治体系的腐败程度,0—6分,分数越高,越腐败	ICRG
5. 民主问责	政府对民众诉求的回应,0—6分,分数越高,民主问责越弱	ICRG
6. 政府有效性	公共服务的质量、行政部门的质量及其独立于政治压力度、政策形成和执行质量,-2.5—2.5,分数越高,政府有效性越强	WGI

续表

政治风险指标	指标说明	数据来源
7. 法制	履约质量，产权保护，－2.5—2.5，分数越高，法制程度越高	WGI
8. 外部冲突	来自国外的行为对在位政府带来的风险。国外的行为包括非暴力的外部压力例如外交压力、中止援助、贸易限制、领土纠纷、制裁等，也包括暴力的外部压力例如跨境冲突，甚至全面战争，0—12分，分数越高，外部冲突越严重	ICRG

注：DPI 为世界银行 Database of Political Institutions，ICRG 为 PRS 集团 International Country Risk Guide，WGI 为世界银行 Worldwide Governance Indicators。

5. 对华关系

对华关系指标衡量了影响中国企业在当地投资风险的重要双边投资政策、投资情绪和政治关系，较好的对华关系是降低投资风险的重要缓冲。

对华关系指标包含 6 个子指标（见表 1 - 5）。第一个子指标是双方是否签订了投资协定（BIT）以及该协定是否已经生效。如果中国与该国签署了 BIT，将有助于降低中国企业在当地的投资风险。第二个和第三个子指标采用德尔菲法进行的专家打分，分别衡量了投资受阻程度和双边政治关系，较低的投资受阻和较好的双边政治关系，有助于降低中国企业在当地进行投资的风险。

后三个为今年新增指标。其中，贸易（投资）依存度衡量了中国和一国之间的双边贸易（投资）占该国贸易（投资）的比重。免签情况则衡量了对方对中国公民发放签证的便利程度。

表 1 – 5   对华关系指标

对华关系指标	指标说明	数据来源
1. 是否签订 BIT	1 代表已签订且生效；0.5 代表已签订未生效；0 代表未签订	中国商务部
2. 投资受阻程度	分数越高，投资受阻越小	德尔菲法
3. 双边政治关系	分数越高，双边政治关系越好	德尔菲法
4. 贸易依存度	分数越高，对方对中国贸易依存度越高	CEIC，WDI
5. 投资依存度	分数越高，对方对中国直接投资依存度越高	CEIC，WDI
6. 免签情况	分数越高，对方对中国公民的签证便利度越高	商务部

注：BIT 为双边投资协定；德尔菲法又名专家意见法或专家函询调查法，采用背对背的通信方式征询专家小组成员的意见。

（二）标准化、加权与分级

在选取指标并获得原始数据后，本评级体系对于定量指标（经济基础和偿债能力）采取标准化的处理方法，而对定性指标（政治风险、社会弹性以及对华关系）的处理有两种方式，即运用其他机构的量化结果或者由评审委员打分，再进行标准化。

本评级体系采用 0—1 标准化，也叫离差标准化，将原始数据进行线性变换，使结果落到 [0，1] 区间，分数越高表示风险越低。转换函数如下：

$$x^* = 1 - \left| \frac{x - x_{适宜值}}{max - min} \right|$$

其中，x^* 为将 x 进行标准化后的值，$x_{适宜值}$ 为对应风险最低的指标值，max 为样本数据的最大值，min 为样本数据的最小值。

对定量指标进行标准化并转化为风险点得分的关键在于找到 $x_{适宜值}$。在样本范围内，数值与适宜值越近，得分越高。

适宜值的判断方法有两类：一类是设定绝对适宜值，也就是适宜值的大小与样本国家的选择无关。例如，本体系将 CPI 指标的适宜值设定为 2%，失业率的适宜值设定为 5%。第二类是在样本中找到相对适宜值。例如，本体系将 GDP 的适宜值设定为该样本中 GDP 的最大值，将 GDP 增速的波动性的适宜值设定为该样本中 GDP 增速的波动的最小值。此外，由于某些指标对于发达国家和发展中国家不应选用相同的适宜值，本评级体系也进行了区分。例如，偿债能力指标中子指标公共债务/GDP 与外债/GDP 既反映了债务规模，也反映了举债能力。对于这两个子指标，本评级体系区分为发达国家和发展中国家两组，每一组的最低值为各组的适宜值。

以上标准化过程中，我们遵循四大原则：（1）标准化必须合乎逻辑；（2）标准化必须适应异常值；（3）标准化必须客观，尽量减少主观判断；（4）标准化后得分需具有区分度。

在对经济基础、偿债能力、政治风险、社会弹性和对华关系五大指标下的细项指标分别标准化后，加权平均得到这五大风险要素的得分，区间为 0—1。分数越高表示风险越低。然后，我们对五大要素加权平均，由于五大指标都是中国企业海外投资风险评级的重要考量点，我们采用相同的权重，都为 0.2（见表 1 - 6）。最后，我们将得到的分数转化为相应的级别。本评级体系按照国家风险从低到高进行九级分类，AAA，AA，A，BBB，BB，B，CCC，CC，C，其中 AAA 和 AA 为低风险级别，A，BBB 为中等风险级别，BB 及以下为高风险级别。

表 1 - 6 国家风险评级指标权重

指标	权重
经济基础	0.2
偿债能力	0.2
政治风险	0.2
社会弹性	0.2
对华关系	0.2

（三）评级样本

此评级体系本次共纳入 36 个国家进入评级样本，分别是：阿根廷、安哥拉、澳大利亚、巴基斯坦、巴西、德国、俄罗斯、法国、菲律宾、哈萨克斯坦、韩国、荷兰、加拿大、柬埔寨、老挝、马来西亚、美国、蒙古、缅甸、墨西哥、南非、尼日利亚、日本、苏丹、泰国、土耳其、委内瑞拉、新加坡、新西兰、伊朗、意大利、印度、印度尼西亚、英国、越南、赞比亚（见表1－7）。

表1－7　　　　　　　国家风险评级样本　　　　　单位：亿美元

编号	国家	所在洲	截止到 2013 年投资存量
1	阿根廷	拉丁美洲	16.5
2	安哥拉	非洲	16.3
3	澳大利亚	大洋洲	174.5
4	巴基斯坦	亚洲	23.4
5	巴西	拉丁美洲	17.3
6	德国	欧洲	39.8
7	俄罗斯	欧洲	75.8
8	法国	欧洲	44.5
9	菲律宾	亚洲	6.9
10	哈萨克斯坦	亚洲	69.6
11	韩国	亚洲	19.6
12	荷兰	欧洲	31.9
13	加拿大	北美洲	62.0
14	柬埔寨	亚洲	28.5
15	老挝	亚洲	27.7
16	马来西亚	亚洲	16.7
17	美国	北美洲	219.0

续表

编号	国家	所在洲	截止到 2013 年投资存量
18	蒙古	亚洲	33.5
19	缅甸	亚洲	35.7
20	墨西哥	拉丁美洲	4.1
21	南非	非洲	44.0
22	尼日利亚	非洲	21.5
23	日本	亚洲	19.0
24	苏丹	非洲	15.1
25	泰国	亚洲	24.7
26	土耳其	亚洲	6.4
27	委内瑞拉	拉丁美洲	23.6
28	新加坡	亚洲	147.5
29	新西兰	大洋洲	5.4
30	伊朗	亚洲	28.5
31	意大利	欧洲	6.1
32	印度	亚洲	24.5
33	印度尼西亚	亚洲	46.6
34	英国	欧洲	118.0
35	越南	亚洲	21.7
36	赞比亚	非洲	21.6

　　截至 2013 年年底，中国对外直接投资分布在全球 179 个国家（地区），本评级体系选用以上 36 个国家作为本次评级样本，主要是基于以下三个标准：

　　（1）主要涉及的是真实的投资活动。中国在当地进行的主要是真实的投资活动（生产、研发、雇佣、经营等），而不是以该地为投资中转地或者避税等资金运作中心。香港地区就是中国对外直接投资的重要中转地。2013 年，58.3% 的中国对外直接投资首先流向了香港，其中较大一部分以香港为平台，最终流向其他地方。例如，中海油收购加拿大尼克森公司100%股权项目、中石化收购美国阿帕奇公司埃及油气部分资产项目等以欧美为最终投资目的地的中国对外兼并收购实际上都记在了香港名下，通过香港地区再投资完成。以投资控股为主要目标的租赁和商务服务业占到中国对香港直接投资流量的28.1%、存量的35.8%。因此，本次评级样本暂不纳入香港、开曼群岛、英属维尔京群岛、卢森堡等。

（2）重点选择G20国家以及中国海外投资额较大的其他国家。这36个评级样本国家全面覆盖了北美洲、大洋洲、非洲、拉丁美洲、欧洲和亚洲，中国在当地的投资额较大，占到中国全部对外直接投资存量的78%①，因此具有广泛的代表性和重要性。

（3）满足主要指标数据，尤其是定量指标（经济基础和偿债能力）的可得性。本体系运用经济基础、偿债能力、政治风险、社会弹性和对华关系五大指标作为国家风险评级的依据，因此数据的完备性和可得性十分重要。例如，利比亚虽满足前两个条件，即中国在这两个国家的投资额较大且主要涉及的是真实的投资活动，但由于缺乏大量支持数据，主要是经济基础和偿债能力数据，因此本次评级样本没有纳入利比亚。

（四）本评级方法的特点

1. 中国企业海外投资视角

本国家风险评级体系从中国企业和主权财富的海外投资视角出发，构建经济基础、偿债能力、社会弹性、政治风险和对华关系五大指标、共40个子指标全面量化评估了中国企业海外投资

---

① 不包括中国香港、英属维尔京群岛、开曼群岛、卢森堡和百慕大群岛这些主要的投资中转地以及避税等资金运作中心。

所面临的战争风险、国有化风险、政党更迭风险、缺乏政府间协议保障风险、金融风险以及东道国安全审查等主要风险。本评级体系通过提供风险警示，为企业降低海外投资风险、提高海外投资成功率提供参考。

2. 重点关注直接投资，同时兼顾主权债投资

现有主要评级机构的国家风险评级体系衡量的是投资者所面临的针对某一个国家的金融敞口风险，其中核心关注点是主权债，即从定性和定量的角度，对主权国家政府足额、准时偿还商业债务的能力和意愿进行综合性评估。本评级体系在兼顾主权债投资所面临的国家风险的同时，重点关注的是中国企业海外直接投资面临的风险。目前，中国已经是全球第三大对外直接投资国，并且随着国内转型升级和企业竞争力的提高，中国对外直接投资将会持续高速增长。传统上主要对主权债投资风险的关注已经无法满足当下中国企业的实际需求，因此，本国家风险评级体系重点关注直接投资所面临的风险要素，纳入的指标涵盖环境政策、资本和人员流动的限制、劳动力市场管制、商业管制、是否签订 BIT、贸易依存度、投资依存度、免签情况以及直接投资受阻程度等。

3. 五大指标体系综合全面覆盖经济、社会、政治、偿债能力和对华关系

影响一国投资风险的因素很多，并且它们之间的关系错综复杂，不存在一个定量模型将全部因素包括进去。在进行国家风险评级时，本评级方法将定性和定量指标相结合，综合全面覆盖了经济基础、偿债能力、社会弹性、政治风险和对华关系五大指标体系。在传统由经济和金融指标构成的定量评估的基础上，增加了社会弹性、政治风险和对华关系等定性评估指标，且定性分析指标占到本评级体系指标总量的一半以上。本评级体系对这五大指标体系进行了深入研究，明确了各部分的核心指标，并根据各国国情的不同，对核心指标的评价方法给予区别对待，同时密切

关注指标之间、要素之间的内在联系，从而形成了一个逻辑清晰、框架严谨、指标优化、论证科学的方法体系。

4. 特色指标：对华关系

中国需要创建适合自身国情需要的国家风险评级体系。本评级体系一个重要的特色指标是对华关系，包含双方是否签订 BIT、投资受阻程度、双边政治关系、贸易和投资依存度以及免签情况5 个子指标，良好的对华关系是降低中国海外投资风险的重要缓释器。对华关系这一指标既是本评级体系区别于其他国家风险评级的特色指标，同时也是为评估中国海外直接投资所面临的主要风险量身打造。以投资受阻程度这一子指标为例，中国企业在海外投资频频遭遇阻力。投资受阻显著增加了中国企业的投资风险，成为本体系的特色也是重要考量指标之一。

5. 依托智库，将客观独立作为国家风险评级的基本立场

本评级体系依托中国社会科学院世界经济与政治研究所这一中国领先、国际知名的智库。本研究所的主要研究领域包括全球宏观经济、国际金融、国际贸易、国际投资、全球治理、产业经济学、国际政治理论、国际战略、国际政治经济学等，有将近100 位专业研究人员。在美国宾夕法尼亚大学 2013 年全球智库排名榜上，中国社会科学院蝉联亚洲第一，在全球总榜单中排名第十位。按照分类排名，2012 年世界经济与政治研究所在国内经济政策类排名第十一位，在国际经济政策类排名第二十七位。

发布国家风险评级报告的团队是国际投资研究室。本室的主要研究领域包括跨境直接投资、跨境间接投资、外汇储备投资、国家风险、国际收支平衡表与国际投资头寸表等。团队成员为姚枝仲、张明、王永中、张金杰、李国学、潘圆圆、韩冰、王碧珺、高蓓、陈博、刘洁、黄瑞云和赵奇锋。研究室定期发布国际投资研究系列（International Investment Studies），主要产品包括：中国跨境资本流动季度报告、中国对外投资季度报告、国家风险报告、工作论文与财经评论等。

中国社会科学院世界经济与政治研究所将客观独立作为国家风险评级的基本立场。客观独立是指本着对国家风险关系所涉及的各方利益同等负责的态度，采取公正的、客观的立场制定国家风险评级标准，反对通过信用评级进行利益输送。

（五）未来规划

每年发布一次。这是本评级体系建成后第二次发布国家风险评级结果。我们将不断改进评级体系，并计划未来每年都发布一次国家风险评级、若干风险变化警示。

增加评级国家样本。中国海外投资遍布全球 179 个国家（地区），我们选取了其中 36 个国家作为评级样本。如上所述，样本的选择基于三个基本标准，未来，我们在遵循三个样本选择基本标准的基础上将纳入更多的国家（地区）进入评级体系，以全面服务于走向世界各个角落的中国企业的海外投资需求。

改进评级体系。作为第二次进行国家风险评级，虽然有强大的研究团队和智库支持，本评级体系仍然有较大改进空间。未来在指标选择、权重设定、方法构建上，本评级体系都将根据国内外不断变化的形势、中国企业不断演进的海外投资模式以及不断出现的新的投资风险进行相应改进。

深化学术和政策研究。未来，我们将基于本评级体系深入学术和政策性研究，分析中国企业海外投资所面临的国家风险的决定因素、影响途径以及化解方法。

四　CROIC – IWEP 国家风险评级结果总体分析

本次对 36 个国家进行了评级，包括德国、新西兰等 11 个发达经济体，和韩国、俄罗斯等 25 个新兴经济体。从区域分布来看，美洲涉及 6 个国家，欧洲涉及 6 个国家，非洲涉及 5 个国家，亚太涉及 19 个国家。

与 2013 年相比，总共增加了 10 个国家，包括 2 个发达经济体和 8 个新兴经济体，其中美洲和欧洲分别增加了 1 个国家，亚太增加了 8 个国家。

评级结果共分为九级，由高至低分别为 AAA、AA、A、BBB、BB、B、CCC、CC、C。其中 AAA—AA 为低风险级别，包括 9 个国家；A—BBB 为中等风险级别，包括 15 个国家；BB—B 为高风险级别，包括 12 个国家。从中可以看出，评级结果呈正态分布，反映出合理的风险分布区间。

（一）总体结果

从总的评级结果来看（见表 1 - 8），发达国家评级结果普遍高于新兴经济体，投资风险较低。其中排列前 10 的国家中有 8 个国家为发达经济体，25 个新兴经济体中只有新加坡和韩国进入前 10 位，新兴经济体中金砖国家排名普遍处于中下游。

与 2013 年相比，在剔除新加入 10 国外的 26 国中，除德国、澳大利亚、加拿大和苏丹 4 国的相对排名不变外，其余国家的相对排名均发生了变化。其中，美国、英国等 12 个国家的相对排名比 2013 年有所上升，哈萨克斯坦、蒙古和安哥拉 3 国的级别也比之前上升；韩国、法国等 10 国的相对排名比 2013 年有所下降，而且，除韩国外，其他所有排名下降的 9 个国家，级别也比之前下降。

与 2013 年相比，发达经济体相对排名上升的国家占 3 个，相对排名下降的国家占 2 个；在新兴经济体中，相对排名上升的国家占 9 个，相对排名下降的国家占 8 个。值得注意的是，金砖国家的相对排名和级别总体上下跌。除南非相对排名比之前有所上升外，俄罗斯、印度和巴西的相对排名和级别均比之前有所下降。

总体来说，发达经济体情况与 2013 年类似，经济基础较好，政治风险较低，社会弹性较高，但债务水平普遍较高，其中有些国家受政治、社会和观念等因素影响，对来自中国的投资怀有警惕。总体上，发达国家是中国海外投资特别是技术和品牌寻求型投资较好的目的地。目前，世界经济仍处在低增长的"新常态"之中，次贷危机的爆发意味着全球经济周期性繁荣的终结，以中心国家美国为代表的发达经济体进入一个去杠杆和金融抑制的紧缩过程，虽然美国经济有所复苏，但欧洲、日本等发达经济体没有实质性复苏，甚至面临新的衰退风险，发达经济体经济分化现象加剧。对于在发达经济体特别是欧洲、日本的中资企业而言，需关注经济低迷和市场需求不足对于企业营业收入产生的负面影响，但东道国目标资产较低的市场估值水平也提供了较好的并购机会。

表1-8　　　　　　　　　　　　总体评级结果

排名	国家	风险评级	排名变化	2013年级别	排名	国家	风险评级	排名变化	2013年级别
1	德国（欧）	AAA	—	AAA	19	墨西哥（美）	BBB	↓	A
2	新西兰（亚太）	AA	N	N	20	伊朗（亚太）	BBB	N	N
3	澳大利亚（亚太）	AA	—	AA	21	土耳其（欧）	BBB	↑	BBB
4	新加坡（亚太）	AA	N	N	22	南非（非）	BBB	↑	BBB
5	加拿大（美）	AA	—	AA	23	巴基斯坦（亚太）	BBB	↑	BBB
6	美国（美）	AA	↑	AA	24	蒙古（亚太）	BBB	↑	BB
7	荷兰（欧）	AA	N	N	25	柬埔寨（亚太）	BB	↑	BB

续表

排名	国家	风险评级	排名变化	2013年级别	排名	国家	风险评级	排名变化	2013年级别
8	英国（欧）	AA	↑	AA	26	缅甸（亚太）	BB	N	N
9	韩国（亚太）	AA	↓	AA	27	越南（亚太）	BB	↑	BB
10	日本（亚太）	A	↑	A	28	印度（亚太）	BB	↓	BBB
11	法国（欧）	A	↓	AA	29	巴西（美）	BB	↓	BBB
12	马来西亚（亚太）	A	N	N	30	老挝（亚太）	BB	N	N
13	意大利（欧）	A	↓	AA	31	阿根廷（美）	BB	↓	BBB
14	哈萨克斯坦（亚太）	A	↑	BBB	32	安哥拉（非）	BB	↑	B
15	菲律宾（亚太）	BBB	N	N	33	赞比亚（非）	BB	↓	BBB
16	印度尼西亚（亚太）	BBB	↑	BBB	34	尼日利亚（非）	BB	↓	BBB
17	俄罗斯（欧）	BBB	↓	A	35	委内瑞拉（美）	B	N	N
18	泰国（亚太）	BBB	N	N	36	苏丹（非）	B	—	B

　　注：—表示与2013年相比，剔除新加入10国外的26国中相对排名没有变化的国家；↑表示与2013年相比，剔除新加入10国外的26国中相对排名上升的国家；↓表示与2013年相比，剔除新加入10国外的26国中相对排名下降的国家；N表示与2013年相比新加入的国家。

　　对新兴经济体来说，经济基础较为薄弱，较多不稳定因素导致政治风险较高，社会弹性较差，偿债能力分化较大，但与中国关系一般比较友好。总体上看，新兴经济体是中国海外投资最具潜力的目的地，尤其是对战略资源和市场寻求型投资以及基础设施领域的投资而言。2014 年，新兴市场经济增长整体放缓，并且分化加大。受美国逐步退出量化宽松货币政策和欧洲加大宽松力度影响，国际金融市场环境更加复杂，国际大宗商品价格急剧波动，对新兴经济体的影响也更加难以预计。同时，由于新兴经济体危机之前对发达经济体过度依赖，导致危机到来时，有效需求不足、产能相对过剩、产业结构不合理等诸多问题凸显，原有粗放式的资源、能源高度消耗型的增长模式无以为继，需要通过深入的结构改革使经济发展重新恢复活力。在一些受美国量宽退出负面影响较重国家开展投资的中资企业，需高度关注东道国的国际资本大量流出、货币大幅贬值和大宗商品价格大幅波动，可能引发的私人和主权债务违约、基建工程合同违约、资本项目管制强化和企业营业收入锐减等风险。

国家风险评级排名靠后的国家集中在非洲和美洲，其排名靠后的主要原因是经济基础较差，政治风险突出，社会弹性较低，偿债能力不足。这些国家一般资源丰富，与中国经济互补性较强，与中国关系较好，中国对其投资规模较大。这既表明中国企业在开展海外投资时会综合考虑政治、经济和社会多方面因素，又说明中国企业作为国际投资领域的后来者，在国际投资机会选择上处于不利地位，被迫将大量资产配置于政治、社会和经济风险较高的区域。中国对高风险国家的投资，需高度警惕政权更迭、社会动荡、债务违约对企业的财产和人员的安全造成的严重威胁，并准备周全的应对突发事件的方案与机制，努力将不利突发事件的损失降至最低水平。

（二）分项指标分析

1. 经济基础

经济基础方面（见表 1 - 9），与 2013 年相同，我们主要关注

10 个指标。通过分析具体指标，我们发现，发达国家经济基础发展普遍好于新兴经济体，11 个发达经济体有 9 个占据排名中的前 10 位，新兴经济体仅新加坡进入排名前 10 位。

与 2013 年相比，在剔除新加入 10 国外的 26 国中，除美国、巴基斯坦、南非和柬埔寨 4 国相对排名没有变动，其他国家经济基础的相对排名均有不同程度的上升或下降。其中，加拿大、英国等 11 国经济基础的相对排名有所上升，澳大利亚、德国等 11 国的相对排名比之前有所下降。

表 1-9　　　　　　　　经济基础评级结果

排名	国家	排名变化	排名	国家	排名变化	排名	国家	排名变化
1	美国	—	13	俄罗斯	↑	25	缅甸	N
2	加拿大	↑	14	墨西哥	↓	26	南非	—
3	澳大利亚	↓	15	印度	↑	27	蒙古	↑
4	新加坡	N	16	菲律宾	N	28	委内瑞拉	N
5	英国	↑	17	意大利	↑	29	尼日利亚	↓
6	德国	↓	18	土耳其	↑	30	苏丹	↑
7	新西兰	N	19	巴西	↓	31	伊朗	N
8	荷兰	N	20	马来西亚	N	32	越南	↓
9	日本	↓	21	泰国	N	33	柬埔寨	—
10	法国	↑	22	印度尼西亚	↓	34	安哥拉	↑
11	哈萨克斯坦	↑	23	阿根廷	↓	35	老挝	N
12	韩国	↓	24	巴基斯坦	—	36	赞比亚	↓

注：—表示与 2013 年相比，剔除新加入 10 国外的 26 国中相对排名没有变化的国家；↑表示与 2013 年相比，剔除新加入 10 国外的 26 国中相对排名上升的国家；↓表示与 2013 年相比，剔除新加入 10 国外的 26 国中相对排名下降的国家；N 表示与 2013 年相比新加入的国家。

2．政治风险

政治风险方面（见表1－10），与2013年相同，我们主要关注8个指标。通过分析具体指标，我们发现，与2013年相同，发达国家政治风险普遍低于新兴经济体，11个发达经济体有9个占据排名中的前10位，新兴经济体仅新加坡进入排名前10位。

与2013年相比，在剔除新加入10国外的26国中，除德国、韩国、墨西哥、印度、苏丹5国的相对排名没有变动，其他国家政治风险的相对排名均有不同程度的上升或下降。其中，英国、美国等9国政治风险的相对排名有所上升，澳大利亚、加拿大等12国政治风险的相对排名有所下降。

表1－10　　　　　　　　　政治风险评级结果

排名	国家	排名变化	排名	国家	排名变化	排名	国家	排名变化
1	荷兰	N	13	马来西亚	N	25	泰国	N
2	德国	—	14	墨西哥	—	26	安哥拉	↑
3	新西兰	N	15	赞比亚	↑	27	柬埔寨	↑
4	英国	↑	16	蒙古	↓	28	印度尼西亚	↓
5	澳大利亚	↓	17	巴西	↑	29	俄罗斯	↓
6	加拿大	↓	18	南非	↑	30	巴基斯坦	↓
7	美国	↑	19	菲律宾	N	31	伊朗	N
8	法国	↓	20	哈萨克斯坦	↓	32	老挝	N
9	新加坡	N	21	印度	—	33	缅甸	N
10	日本	↓	22	土耳其	↓	34	尼日利亚	↓
11	意大利	↓	23	阿根廷	↑	35	委内瑞拉	N
12	韩国	—	24	越南	↑	36	苏丹	—

注：—表示与2013年相比，剔除新加入10国外的26国中相对排名没有变化的国家；↑表示与2013年相比，剔除新加入10国外的26国中相对排名上升的国家；↓表示与2013年相比，剔除新加入10国外的26国中相对排名下降的国家；N表示与2013年相比新加入的国家。

3. 社会弹性

社会弹性方面（见表 1-11），与 2013 年相同，我们主要关注 8 个指标。通过分析具体指标，我们发现，与 2013 年相同，发达国家社会弹性发展状况普遍好于新兴经济体，11 个发达经济体有 9 个占据排名中的前 10 位，新兴经济体仅新加坡进入排名前 10 位。

与 2013 年相比，在剔除新加入 10 国外的 26 国中，除德国、澳大利亚等 7 国的相对排名没有变动，其他国家社会弹性的相对排名均有不同程度的上升或下降。其中，英国、美国等 11 国社会弹性的相对排名有所上升，加拿大、日本等 8 国社会弹性的相对排名有所下降。

表 1-11　　　　社会弹性评级结果

排名	国家	排名变化	排名	国家	排名变化	排名	国家	排名变化
1	新西兰	N	13	马来西亚	N	25	印度尼西亚	↓
2	新加坡	N	14	土耳其	—	26	老挝	N
3	英国	↑	15	泰国	N	27	赞比亚	↓
4	加拿大	↓	16	哈萨克斯坦	↑	28	越南	↑
5	荷兰	N	17	俄罗斯	↓	29	柬埔寨	↑
6	德国	—	18	印度	↑	30	尼日利亚	↓
7	美国	↑	19	南非	↑	31	伊朗	N
8	日本	↓	20	墨西哥	↑	32	苏丹	↑
9	澳大利亚	—	21	菲律宾	N	33	巴基斯坦	↓
10	法国	—	22	阿根廷	↓	34	缅甸	N
11	意大利	—	23	巴西	↑	35	安哥拉	—
12	韩国	—	24	蒙古	↑	36	委内瑞拉	N

注：—表示与 2013 年相比，剔除新加入 10 国外的 26 国中相对排名没有变化的国家；↑表示与 2013 年相比，剔除新加入 10 国外的 26 国中相对排名上升的国家；↓表示与 2013 年相比，剔除新加入 10 国外的 26 国中相对排名下降的国家；N 表示与 2013 年相比新加入的国家。

4. 偿债能力

偿债能力方面（见表 1 – 12），与 2013 年相同，我们主要关注 8 个指标。通过分析具体指标，我们发现，与 2013 年相同，发达经济体和新兴经济体都存在较大分化，进入排名前 10 位的包括 5 个发达经济体和 5 个新兴经济体。

与 2013 年相比，在剔除新加入 10 国外的 26 国中，除柬埔寨的相对排名没有变动外，其他国家偿债能力的相对排名均有不同程度的上升或下降。其中，德国、加拿大等 11 国偿债能力的相对排名有所上升，澳大利亚、韩国等 14 国偿债能力的相对排名有所下降。

表 1 – 12 　　　　　　　　　　偿债能力评级结果

排名	国家	排名变化	排名	国家	排名变化	排名	国家	排名变化
1	德国	↑	13	菲律宾	N	25	墨西哥	↓
2	加拿大	↑	14	巴西	↓	26	土耳其	↑
3	伊朗	N	15	荷兰	N	27	哈萨克斯坦	↑
4	新西兰	N	16	日本	↑	28	赞比亚	↓
5	安哥拉	↑	17	马来西亚	N	29	印度	↓
6	美国	↑	18	泰国	N	30	柬埔寨	—
7	尼日利亚	↑	19	新加坡	N	31	缅甸	N
8	澳大利亚	↓	20	意大利	↓	32	阿根廷	↓
9	韩国	↓	21	越南	↑	33	蒙古	↓
10	印度尼西亚	↑	22	英国	↓	34	苏丹	↑
11	俄罗斯	↓	23	委内瑞拉	N	35	巴基斯坦	↓
12	法国	↓	24	南非	↓	36	老挝	N

注：—表示与 2013 年相比，剔除新加入 10 国外的 26 国中相对排名没有变化的国家；↑表示与 2013 年相比，剔除新加入 10 国外的 26 国中相对排名上升的国家；↓表示与 2013 年相比，剔除新加入 10 国外的 26 国中相对排名下降的国家；N 表示与 2013 年相比新加入的国家。

5. 对华关系

对华关系方面（见表 1 – 13），我们主要关注 6 个指标，包括双方是否签订了投资协定（BIT）以及该协定是否已经生效，投资受阻程度，双边政治关系，投资和贸易依存度以及签证的便利程度。在这一分项指标中，新兴经济体排名比较靠前，排名前 10 位的国家均为新兴经济体。

在使用这一指标时需要注意，由于今年在对华关系中引入了 3 个新子指标，因此各国的对华关系不能进行跨年度比较。和中国贸易依存度高、直接投资关系紧密的国家会得到较高分值。经济总量较小的国家在该项的得分相对较高。

表 1 – 13　　　　　　　　　对华关系评级结果

排名	国家	排名	国家	排名	国家
1	老挝	13	苏丹	25	安哥拉
2	巴基斯坦	14	韩国	26	土耳其
3	柬埔寨	15	新加坡	27	墨西哥
4	缅甸	16	南非	28	尼日利亚
5	伊朗	17	俄罗斯	29	阿根廷
6	哈萨克斯坦	18	菲律宾	30	荷兰
7	印尼	19	德国	31	意大利
8	越南	20	委内瑞拉	32	印度
9	马来西亚	21	新西兰	33	法国
10	蒙古	22	赞比亚	34	加拿大
11	泰国	23	日本	35	美国
12	澳大利亚	24	英国	36	巴西

五　CROIC – IWEP 国家风险评级结果国别分析

（一）德国

各项指标优秀、均衡；其先进的制造业技术是中国理想的对外投资标的；目前是世界上最大贸易顺差国，国内面临结构调整压力较大。

与 2013 年相比，随着贸易顺差进一步扩大，偿债能力增强。

（二）新西兰

各项指标表现都比较出色；和中国经济有一定的互补性；但对中国投资其农业和土地有一定限制。

（三）澳大利亚

各项指标表现良好、均衡；近期国际大宗商品价格下跌对澳大利亚吸引资源类投资有负面影响；其对中国投资存有疑虑。

与 2013 年相比，受大宗商品价格下跌影响，偿债能力弱化，政治风险上升。

（四）新加坡

金融、制造、航运业发达；与中国文化亲缘关系较近，是中国进行海外投资的重要平台；经济对外依存度偏高。

（五）加拿大

各项指标表现良好且均衡，和中国经济存在很强互补性，对中国国有企业资源类投资政策环境趋紧。

与 2013 年相比，经济基础和偿债能力均有所增强。

（六）美国

经济率先复苏；随着美联储逐步退出量化宽松以及能源革命和制造业回流，其对外投资吸引力增加；中美之间战略互信不足。

2014 年随着美国经济复苏，国内能源自足率显著上升，贸易逆差有所改善，偿债能力增强。

（七）荷兰

各项指标表现良好、均衡；与中国政治、经济关系良好；债务偿还压力较大。

（八）英国

金融服务业依然具有很强的竞争力；伦敦可能成为人民币重要的离岸市场；国民债务压力较大。

与 2013 年相比，经济基础增强，政治风险降低，但偿债能力恶化。

（九）韩国

各项指标表现良好且均衡；中韩政经关系日益密切；面临半岛局势动荡的不确定性。

2014 年新总统上台后政局相对稳定，政治风险降低，社会弹性提高，但对华出口增速下滑，偿债能力恶化。

（十）日本

安倍政府结构性改革取得初步成效但仍面临较大压力；对外国投资管制较为严格；中日关系处于"政冷经冷"的低潮期。

2014 年消费税提升在一定程度上抑制了消费，经济基础弱化，但政治风险降低，偿债能力增加。

（十一）法国

各项指标表现均衡；是中国对外投资较有吸引力的目的地；经济较为低迷，存在通货紧缩风险。

与 2013 年相比，政治风险上升。

（十二）马来西亚

有一定增长潜力；是中国海上丝绸之路经济带战略的重要支点；马航事件对该国航空和旅游业产生负面影响。

（十三）意大利

中小规模制造业企业是有吸引力的投资对象；与中国政经关系良好；经济持续低迷不振，主权债务风险较高。

2014 年意大利债务规模创历史新高，高居欧洲第二，国债收益率有回升迹象，偿债能力减弱，政治风险上升。

（十四）哈萨克斯坦

资源丰富；和中国经济互补性较强；营商环境有待改善，制造业基础薄弱。

2014 年经济稳步增长，能源潜力得到进一步挖掘，经济基础增强，偿债能力提高。

（十五）菲律宾

经济增长潜力较大；营商环境有待改善；中菲南海争端对两国政经关系产生严重负面影响。

（十六）印度尼西亚

经济增长潜力较大；投资前景广阔；其限制本国原材料直接出口政策对中国的资源类投资构成挑战。

印尼 2014 年第三季度经济创 5 年来新低，经济基础弱化，社会弹性降低。

（十七）俄罗斯

和中国经济互补性强；西方经济制裁客观上有利于中国对俄资源类投资；经济增长高度依赖能源出口。

2014 年大宗商品出口顺差下降，受乌克兰危机影响，政治风险上升，偿债能力恶化。

（十八）泰国

有一定增长潜力；中泰在高铁、航运等基础设施领域具有巨大合作空间；政治上存在一些不稳定因素。

（十九）墨西哥

微观主体活力不足影响经济增长潜力；经济对外依赖度较高；部分区域社会稳定性较差。

2014 年受美国退出量化宽松（QE）影响，经济增速下降，经常项目赤字增加，且政府债务上升，导致偿债能力恶化，但政治风险降低，社会弹性增强。

（二十）伊朗

石油资源丰富；和中国经济有一定互补性；西方经济制裁对中国在伊能源投资构成一定风险。

（二十一）土耳其

具有较好经济增长前景；和中国关系相对稳定；国际收支存在较大失衡。

（二十二）南非

南非是中国企业进入非洲的重要门户；国内劳动力市场动

荡、失业率高企；国际收支失衡。

采矿业罢工在 2014 年结束，社会冲突和政治局势有所缓和，但受罢工影响，金属类产品出口显著下降，偿债能力恶化。

（二十三）巴基斯坦

与中国政经关系一贯密切；经济基础较为薄弱；社会安全隐患突出。

（二十四）蒙古

资源丰富且与中国经济有一定互补性；产业结构单一、制造业基础薄弱、国际收支失衡、外债负担较重；对中国在蒙资源类投资存有疑虑。

2013 年保持经济高速增长，在全球名列前茅。

（二十五）柬埔寨

与中国关系良好；经济基础薄弱；外债负担较重且偿债能力较差。

2013 年国会大选结束后的纷争告一段落，政治风险有所下降。

（二十六）缅甸

经济基础比较薄弱；外债负担较重，偿债能力较差；近期中国在缅投资受政治、社会因素干扰较大。

（二十七）越南

经济增长潜力较大，是中国产业转移的较佳目的地；经常账户不平衡且外债负担较重；中越领土争议对中国在越人员和财产安全的负面冲击较大。

2014 年越南对美国出口升势强劲，改善其国际偿债能力。

（二十八）印度

中印在基础设施投资领域存在较大合作空间；基础设施落后制约了其经济增长潜力的发挥；内外债偿还压力存在一定风险。

（二十九）巴西

资源丰富且与中国经济互补性强；经常账户持续逆差；对外国投资者在巴土地和资源投资存有顾虑。

（三十）老挝

与中国政经关系极为密切；经济基础薄弱；外债负担较重。

（三十一）阿根廷

经济长期增长乏力；在资源和农产品方面与中国具有较强互补性；主权债务违约风险居高不下。

2014 年受多家对冲基金要求偿还违约债务影响，偿债能力急剧下降。

（三十二）安哥拉

经济增长严重依赖石油产业；国内外债务负担较重；社会不稳定因素突出。

与 2013 年相比，资源出口稳步增长，偿债能力得到改善。

（三十三）赞比亚

自然资源丰富；经济基础薄弱；社会治安状况不佳，中资企业与当地劳工关系趋于紧张，中国投资面临较大社会安全风险。

与 2013 年相比，经济增速下滑，通胀上升，经济基础弱化。

（三十四）尼日利亚

石油资源丰富；产业结构单一；部族和宗教冲突较为严重；

埃博拉病毒肆虐严重影响外国投资流入。

(三十五) 苏丹

石油资源丰富；经济基础薄弱；国内政治、安全局势严峻，中国可考虑采取一些必要手段加强对中资企业人员和财产安全保障。

(三十六) 委内瑞拉

石油资源丰富；政治、社会存在不稳定隐患；外债负担较重且偿债能力较差；中国对委投资需警惕债务违约风险。

第二章

CROIC – IWEP 国家风险评级
原始指标数据

表 2 - 1 　　　　　　　　　　国内生产总值 　　　　　　　　单位：十亿美元

年份 国家	2007	2008	2009	2010	2011	2012	2013
阿根廷	260.074	324.407	305.769	367.561	444.605	475.211	488.213
安哥拉	60.449	84.178	75.492	82.471	104.116	115.334	121.704
澳大利亚	948.917	1054.637	997.578	1249.253	1498.532	1555.287	1505.277
巴基斯坦	152.46	171.195	169.745	177.622	213.725	225.558	238.737
巴西	1366.853	1653.539	1622.311	2142.905	2474.636	2247.745	2242.854
德国	3328.589	3640.727	3306.78	3310.6	3631.435	3427.853	3635.959
俄罗斯	1299.703	1660.846	1222.645	1524.915	1893.791	2004.252	2118.006
法国	2586.104	2845.111	2626.486	2569.822	2784.761	2612.667	2737.361
菲律宾	149.36	173.603	168.485	199.591	224.095	250.182	272.018
哈萨克斯坦	104.85	133.442	115.309	148.047	188.049	203.517	220.347
韩国	1049.239	931.405	834.06	1014.89	1114.472	1129.598	1221.801
荷兰	783.692	874.906	798.4	778.607	833.519	770.493	800.007
加拿大	1457.873	1542.561	1370.839	1614.072	1778.632	1821.445	1825.096
柬埔寨	8.639	10.352	10.414	11.255	12.89	14.118	15.659
老挝	4.226	5.293	5.597	6.855	8.162	9.169	10.002

续表

国家＼年份	2007	2008	2009	2010	2011	2012	2013
马来西亚	193.614	231.072	202.284	247.539	289.047	304.726	312.433
美国	14480.35	14720.25	14417.95	14958.3	15533.825	16244.575	16799.7
蒙古	4.235	5.607	4.584	6.197	8.761	10.322	11.516
缅甸	23.291	34.55	38.065	49.628	56.17	55.759	56.408
墨西哥	1042.651	1100.698	894.535	1050.846	1169.23	1183.507	1258.544
南非	285.805	273.453	285.416	365.165	404.343	382.34	350.779
尼日利亚	168.675	209.196	170.651	231.597	248.187	264.196	286.47
日本	4356.347	4849.185	5035.141	5495.387	5905.631	5937.767	4901.532
苏丹	45.899	54.528	53.149	65.632	67.321	63.029	70.127
泰国	246.977	272.578	263.711	318.908	345.672	365.966	387.156
土耳其	646.425	730.628	614.389	731.539	774.729	788.042	827.209
委内瑞拉	230.364	315.6	329.419	295.591	316.482	381.286	373.978
新加坡	178.259	190.318	190.164	233.292	272.316	284.299	295.744
新西兰	132.906	132.737	119.461	142.297	162.678	170.41	181.33
伊朗	307.355	350.588	360.625	419.118	541.107	398.03	366.259
意大利	2130.241	2318.162	2116.627	2059.188	2198.35	2014.382	2071.955
印度	1238.478	1223.206	1365.343	1708.541	1880.102	1858.748	1870.651
印度尼西亚	432.265	510.494	538.613	709.342	845.573	877.801	870.275
英国	2858.176	2709.573	2217.427	2296.93	2464.639	2484.445	2535.761
越南	77.52	98.269	101.634	112.771	134.598	155.565	170.565
赞比亚	11.541	14.641	12.805	16.19	19.204	20.59	22.416

表2－2　　　　　　　　　　　　　　人均GDP　　　　　　　　　　单位：美元

年份 国家	2007	2008	2009	2010	2011	2012	2013
阿根廷	6705.0	8270.2	7708.0	9162.2	10958.9	11582.5	11766.5
安哥拉	3443.4	4671.1	4081.1	4328.5	5305.4	5705.9	5845.6
澳大利亚	45151.9	49108.5	45623.1	56342.5	66541.4	67855.9	64863.2
巴基斯坦	963.9	1039.7	1009.3	1034.3	1219.2	1260.7	1307.5
巴西	7284.4	8720.6	8472.4	11088.6	12693.9	11437.4	11310.9
德国	40485.0	44397.8	40424.1	40495.8	45207.6	42569.5	44999.5
俄罗斯	9101.6	11630.6	8567.9	10671.2	13252.6	14015.8	14818.6
法国	41849.6	45789.3	42046.8	40943.4	44153.2	41223.2	43000.0
菲律宾	1683.7	1918.3	1851.5	2155.4	2378.9	2611.5	2790.4
哈萨克斯坦	6736.0	8457.3	7118.6	9008.7	11278.0	12034.0	12843.2
韩国	21590.2	19028.1	16958.7	20540.2	22388.4	22590.2	24329.0
荷兰	47838.6	53198.7	48300.1	46861.7	49932.2	45988.6	47633.6
加拿大	44382.8	46464.7	40821.8	47530.6	51850.3	52488.7	51989.5
柬埔寨	603.1	710.9	703.4	752.7	853.5	925.5	1016.4
老挝	702.7	862.2	893.0	1071.8	1251.7	1379.7	1476.9
马来西亚	7144.4	8372.2	7203.3	8658.7	9979.4	10387.2	10548.0
美国	47963.6	48307.8	46906.9	48294.2	49797.3	51709.0	53101.0
蒙古	1619.5	2108.3	1691.6	2249.5	3144.5	3634.9	3971.9
缅甸	404.1	587.6	634.6	811.1	900.0	875.9	868.7
墨西哥	9565.4	9934.7	7943.4	9194.4	10107.0	10110.7	10629.9
南非	5843.5	5517.5	5683.0	7174.7	7839.1	7314.0	6620.7
尼日利亚	1172.5	1415.3	1123.6	1484.1	1547.9	1603.6	1692.3

续表

年份 国家	2007	2008	2009	2010	2011	2012	2013
日本	34038. 3	37865. 1	39321. 2	42916. 7	46175. 4	46530. 4	38491. 4
苏丹	1235. 2	1430. 2	1358. 7	1635. 3	2061. 2	1880. 9	2039. 6
泰国	3756. 9	4110. 0	3943. 1	4740. 3	5114. 7	5390. 4	5674. 4
土耳其	9206. 4	10276. 8	8527. 3	10020. 7	10476. 4	10523. 4	10815. 5
委内瑞拉	8443. 3	11379. 9	11688. 8	10324. 1	10886. 0	12917. 5	12472. 1
新加坡	38848. 3	39326. 8	38127. 4	45953. 5	52533. 1	53516. 0	54775. 5
新西兰	31376. 2	31042. 4	27621. 1	32518. 4	36879. 1	38384. 9	40481. 4
伊朗	4312. 1	4857. 1	4926. 5	5637. 9	7200. 4	5229. 2	4750. 7
意大利	36587. 1	39523. 4	35874. 7	34789. 4	37031. 3	33915. 5	34714. 7
印度	1080. 7	1052. 7	1158. 9	1430. 2	1552. 5	1514. 6	1504. 5
印度尼西亚	1897. 9	2209. 9	2298. 8	2984. 9	3508. 2	3590. 7	3509. 8
英国	46866. 1	44131. 3	35885. 3	36891. 4	38945. 1	38999. 2	39567. 4
越南	920. 5	1154. 5	1181. 4	1297. 2	1532. 3	1752. 6	1901. 7
赞比亚	953. 0	1175. 3	998. 4	1225. 0	1408. 5	1462. 9	1541. 8

表 2 - 3　　　　　　　　　　　　GDP 增速　　　　　　　　　　单位:%

年份 国家	2007	2008	2009	2010	2011	2012	2013
阿根廷	8. 653	6. 759	0. 85	9. 162	8. 868	1. 9	4. 25
安哥拉	22. 593	13. 817	2. 413	3. 408	3. 919	5. 189	4. 059
澳大利亚	4. 536	2. 685	1. 544	2. 246	2. 582	3. 588	2. 431
巴基斯坦	5. 537	4. 988	0. 361	2. 581	3. 663	4. 361	3. 622
巴西	6. 096	5. 169	- 0. 328	7. 534	2. 733	1. 032	2. 284

续表

年份\国家	2007	2008	2009	2010	2011	2012	2013
德国	3.389	0.807	−5.085	3.857	3.399	0.896	0.537
俄罗斯	8.535	5.248	−7.8	4.5	4.3	3.4	1.284
法国	2.285	−0.081	−3.147	1.725	2.027	0.014	0.27
菲律宾	6.617	4.153	1.148	7.632	3.639	6.815	7.163
哈萨克斯坦	8.9	3.3	1.2	7.3	7.5	5	5.952
韩国	5.106	2.298	0.319	6.32	3.682	2.044	2.775
荷兰	3.921	1.804	−3.668	1.528	0.945	−1.247	−0.811
加拿大	2.008	1.175	−2.711	3.374	2.528	1.709	2.009
柬埔寨	10.213	6.692	0.087	6.097	7.079	7.292	7.015
老挝	7.843	7.785	7.502	8.131	8.04	7.874	8.2
马来西亚	6.299	4.832	−1.513	7.425	5.127	5.64	4.687
美国	1.79	−0.291	−2.802	2.507	1.847	2.779	1.878
蒙古	10.248	8.9	−1.269	6.365	17.514	12.401	11.743
缅甸	11.991	3.6	5.144	5.345	5.909	7.3	7.5
墨西哥	3.148	1.4	−4.7	5.11	3.965	3.91	1.063
南非	5.548	3.622	−1.526	3.14	3.599	2.467	1.891
尼日利亚	6.972	5.984	6.96	7.976	7.356	6.584	6.265
日本	2.192	−1.042	−5.527	4.652	−0.453	1.447	1.539
苏丹	8.494	3.042	4.686	3.009	−1.16	−2.998	3.352
泰国	5.044	2.484	−2.33	7.811	0.077	6.49	2.872
土耳其	4.669	0.659	−4.826	9.157	8.773	2.171	4.29
委内瑞拉	8.754	5.278	−3.202	−1.489	4.176	5.626	1
新加坡	8.982	1.869	−0.601	15.06	6	1.899	4.075

续表

年份\国家	2007	2008	2009	2010	2011	2012	2013
新西兰	3.416	-0.848	-1.395	2.069	1.866	2.577	2.365
伊朗	6.367	0.576	3.95	5.899	2.655	-5.626	-1.665
意大利	1.683	-1.156	-5.494	1.723	0.45	-2.368	-1.854
印度	9.801	3.891	8.48	10.26	6.638	4.736	4.351
印度尼西亚	6.345	6.014	4.629	6.224	6.486	6.264	5.781
英国	3.427	-0.769	-5.17	1.66	1.117	0.251	1.756
越南	7.129	5.662	5.398	6.423	6.24	5.247	5.421
赞比亚	6.194	5.682	6.403	7.62	6.836	7.248	6.043

表2-4　　　　　　　　　GDP 增速 5 年波动系数　　　　　　单位:%

年份\国家	2007	2008	2009	2010	2011	2012	2013
阿根廷	0.25	0.85	3.07	3.07	3.12	3.49	3.45
安哥拉	7.36	4.45	7.44	8.44	7.85	4.13	0.90
澳大利亚	0.70	0.76	0.97	0.99	0.99	0.66	0.66
巴基斯坦	1.52	1.46	2.76	2.09	1.85	1.62	1.40
巴西	1.80	1.10	2.21	2.68	2.77	2.83	2.66
德国	1.66	1.41	3.19	3.42	3.36	3.19	3.19
俄罗斯	0.76	1.19	6.07	5.97	5.59	4.90	4.61
法国	0.61	0.98	2.11	2.10	2.03	1.84	1.84
菲律宾	0.83	1.01	1.81	2.24	2.29	2.33	2.50
哈萨克斯坦	0.60	2.63	3.79	3.52	2.90	2.40	2.29
韩国	0.88	1.06	1.85	2.21	2.10	2.00	1.98

续表

年份 国家	2007	2008	2009	2010	2011	2012	2013
荷兰	1.24	0.83	2.70	2.69	2.50	2.07	1.83
加拿大	0.53	0.75	2.09	2.13	2.12	2.10	2.12
柬埔寨	1.53	2.09	4.57	3.82	3.30	2.71	2.74
老挝	0.85	0.67	0.60	0.39	0.22	0.22	0.25
马来西亚	0.62	0.75	2.82	3.14	3.11	3.04	3.04
美国	0.68	1.45	2.24	2.08	1.95	2.10	2.05
蒙古	1.49	1.22	4.12	4.11	6.07	6.26	6.38
缅甸	0.66	3.82	4.23	3.90	2.90	1.20	0.98
墨西哥	1.22	1.23	3.34	3.61	3.46	3.53	3.55
南非	0.99	0.75	2.71	2.60	2.35	1.94	1.82
尼日利亚	2.15	1.85	0.60	0.70	0.65	0.68	0.60
日本	0.38	1.23	2.85	3.47	3.41	3.33	3.36
苏丹	3.15	3.27	3.23	2.59	3.11	2.90	2.94
泰国	0.93	1.25	2.83	3.42	3.57	3.81	3.80
土耳其	1.79	3.10	4.77	4.94	5.26	5.26	5.11
委内瑞拉	8.53	4.28	5.02	5.30	4.42	3.68	3.32
新加坡	1.74	2.77	3.94	5.60	5.50	5.53	5.36
新西兰	0.61	1.81	2.11	1.96	1.84	1.64	1.47
伊朗	1.08	2.19	2.10	2.19	2.13	3.96	4.16
意大利	0.79	1.19	2.81	2.90	2.68	2.49	2.49
印度	0.79	2.16	2.17	2.30	2.33	2.35	2.24
印度尼西亚	0.55	0.45	0.58	0.63	0.67	0.66	0.66
英国	0.39	1.58	3.31	3.12	2.93	2.44	2.60

续表

年份 国家	2007	2008	2009	2010	2011	2012	2013
越南	0.29	0.74	0.85	0.69	0.61	0.46	0.49
赞比亚	0.46	0.38	0.40	0.64	0.65	0.67	0.57

表2－5　　　　　　　　　　进出口总额／GDP　　　　　　　单位:%

年份 国家	2007	2008	2009	2010	2011	2012	2013
阿根廷	36.17	36.72	30.56	32.54	33.92	29.86	29.01
安哥拉	119.91	129.33	110.45	105.36	108.28	101.23	95.95
澳大利亚	41.36	42.08	44.94	39.87	41.28	42.69	40.99
巴基斯坦	32.99	35.59	32.07	32.87	32.92	32.59	31.57
巴西	25.21	27.14	22.12	22.77	24.51	26.62	27.59
德国	87.33	90.01	80.00	89.66	96.07	97.67	95.21
俄罗斯	51.71	53.38	48.44	50.36	52.00	51.85	50.86
法国	55.26	56.00	48.57	53.33	56.75	57.09	56.36
菲律宾	86.62	76.28	65.59	71.42	67.59	64.79	59.90
哈萨克斯坦	92.19	94.39	75.86	73.17	77.22	77.94	67.10
韩国	77.24	99.93	90.41	95.65	110.00	109.89	102.79
荷兰	140.17	144.24	130.14	149.31	159.15	167.65	166.55
加拿大	66.51	67.21	58.35	60.02	62.68	62.06	61.90
柬埔寨	138.27	133.32	105.14	113.60	113.58	N/A	N/A
老挝	82.46	76.23	70.97	73.45	80.28	84.68	N/A
马来西亚	192.47	176.67	162.56	169.66	166.79	162.41	154.44
美国	27.91	29.89	24.69	28.11	30.71	30.40	29.70

续表

年份 国家	2007	2008	2009	2010	2011	2012	2013
蒙古	117.88	121.20	107.81	117.05	149.18	127.80	112.17
缅甸	N/A	N/A	N/A	N/A	N/A	N/A	N/A
墨西哥	57.06	58.07	56.03	60.95	63.75	66.39	64.16
南非	65.69	74.82	55.46	56.13	60.78	61.76	65.10
尼日利亚	64.46	64.97	61.80	42.37	52.56	44.70	36.45
日本	33.80	35.23	25.02	29.15	31.16	31.43	38.00
苏丹	44.99	44.04	36.18	36.98	33.12	22.45	N/A
泰国	138.46	150.33	126.16	135.14	149.35	148.83	143.85
土耳其	49.81	52.25	47.74	47.97	56.62	57.75	57.99
委内瑞拉	56.20	51.83	38.52	46.14	49.64	50.40	N/A
新加坡	398.66	439.66	360.23	372.10	373.96	367.72	358.03
新西兰	59.23	65.71	56.25	59.48	60.92	58.53	N/A
伊朗	53.72	N/A	N/A	N/A	N/A	N/A	N/A
意大利	57.95	57.74	48.02	55.11	59.07	59.42	58.38
印度	44.88	52.27	45.48	48.31	54.08	54.73	53.23
印度尼西亚	54.83	58.56	45.51	47.49	51.31	50.15	49.48
英国	55.87	61.02	58.40	62.42	65.65	65.70	64.43
越南	154.61	154.32	136.31	152.22	162.91	156.55	N/A
赞比亚	80.11	72.64	67.18	81.67	83.09	89.52	98.36

表2-6　　　　　（外商直接投资＋对外直接投资）/GDP　　　　单位:%

年份 国家	2007	2008	2009	2010	2011	2012	2013
阿根廷	2.4	2.7	1.2	1.9	2.2	2.2	1.5
安哥拉	0.0	5.0	2.9	-2.3	-0.9	-3.6	N/A

续表

年份 国家	2007	2008	2009	2010	2011	2012	2013
澳大利亚	6.9	7.3	4.3	4.9	5.4	4.0	3.2
巴基斯坦	3.7	3.2	1.4	1.2	0.6	0.4	0.7
巴西	4.5	4.6	1.7	3.3	3.0	3.7	3.6
德国	4.5	2.8	3.6	3.9	2.5	3.6	0.9
俄罗斯	7.7	7.9	6.5	6.3	6.4	4.9	3.8
法国	9.9	7.8	5.2	4.2	3.7	2.6	0.1
菲律宾	4.5	0.9	1.9	1.0	1.1	2.0	1.4
哈萨克斯坦	15.2	15.4	16.0	7.6	10.1	7.7	4.3
韩国	2.5	3.1	2.9	3.0	2.6	2.7	0.9
荷兰	23.4	9.2	7.9	7.9	7.6	0.5	2.6
加拿大	12.7	9.3	4.7	4.0	5.2	5.4	3.4
柬埔寨	10.1	8.1	5.4	7.1	7.3	11.3	N/A
老挝	7.7	4.2	5.5	3.9	3.6	3.1	0.0
马来西亚	10.8	9.9	3.4	10.6	11.5	8.7	3.7
美国	6.0	4.6	3.2	4.1	4.4	3.9	1.4
蒙古	9.1	15.1	14.8	28.3	54.9	43.6	N/A
缅甸	0.0	0.0	0.0	0.0	0.0	0.0	N/A
墨西哥	3.9	2.7	3.0	3.6	3.1	3.4	2.8
南非	3.3	2.8	3.1	1.0	1.0	2.0	2.3
尼日利亚	4.1	4.4	5.9	1.9	2.3	1.9	N/A
日本	2.2	3.4	1.9	1.1	1.9	2.1	0.1
苏丹	3.3	3.1	3.3	3.1	3.4	3.7	3.3
泰国	5.8	4.6	3.4	4.3	2.3	6.4	3.3

续表

年份 国家	2007	2008	2009	2010	2011	2012	2013
土耳其	3.7	3.1	1.7	1.4	2.4	2.2	1.6
委内瑞拉	1.6	0.8	-0.2	0.9	0.9	1.0	0.0
新加坡	47.0	9.9	24.9	34.0	28.0	29.4	21.4
新西兰	4.1	4.1	-1.4	0.7	4.0	1.0	0.6
伊朗	0.7	0.5	0.8	0.9	0.8	1.0	N/A
意大利	6.2	1.3	4.0	0.6	3.4	1.1	0.6
印度	3.4	5.1	3.8	2.5	2.6	1.8	N/A
印度尼西亚	2.7	3.0	1.3	2.3	3.2	2.8	N/A
英国	21.2	22.1	-1.0	4.3	5.2	5.6	1.4
越南	8.9	10.0	7.8	7.7	6.2	6.1	5.2
赞比亚	11.5	6.4	7.5	17.4	5.8	6.0	N/A

表 2 - 7　　　　　资本账户开放度（Chin - Ito 指数）

国家	Chin - Ito 指数
阿根廷	0.9062
安哥拉	0.5296
澳大利亚	0.1735
巴基斯坦	0.7776
巴西	0.9102
德国	1.0000
俄罗斯	0.6280
法国	1.0000
菲律宾	0.7776
哈萨克斯坦	0.7776

续表

国家	Chin – Ito 指数
韩国	0.0000
荷兰	1.0000
加拿大	1.0000
柬埔寨	0.4399
老挝	0.7776
马来西亚	0.7776
美国	1.0000
蒙古	0.3420
缅甸	0.5296
墨西哥	0.4704
南非	0.7776
尼日利亚	1.0000
日本	1.0000
苏丹	0.7178
泰国	0.7776
土耳其	0.8470
委内瑞拉	0.5296
新加坡	1.0000
新西兰	1.0000
伊朗	0.8470
意大利	1.0000
印度	0.7776
印度尼西亚	0.9102
英国	1.0000
越南	0.9102
赞比亚	0.0000

表2-8   居民消费价格指数   单位:%

年份\国家	2007	2008	2009	2010	2011	2012	2013
阿根廷	8.8	8.6	6.3	10.5	9.8	10.0	10.6
安哥拉	12.2	12.5	13.7	14.5	13.5	10.3	8.8
澳大利亚	2.3	4.4	1.8	2.9	3.3	1.8	2.5
巴基斯坦	7.8	10.8	17.6	10.1	13.7	11.0	7.4
巴西	3.6	5.7	4.9	5.0	6.6	5.4	6.2
德国	2.3	2.7	0.2	1.2	2.5	2.1	1.6
俄罗斯	9.0	14.1	11.7	6.9	8.4	5.1	6.8
法国	1.6	3.2	0.1	1.7	2.3	2.2	1.0
菲律宾	2.9	8.2	4.2	3.8	4.7	3.2	2.9
哈萨克斯坦	10.8	17.1	7.3	7.1	8.3	5.1	5.8
韩国	2.5	4.7	2.8	2.9	4.0	2.2	1.3
荷兰	1.6	2.2	1.0	0.9	2.5	2.8	2.6
加拿大	2.1	2.4	0.3	1.8	2.9	1.5	1.0
柬埔寨	7.7	25.0	-0.7	4.0	5.5	2.9	3.0
老挝	4.5	7.6	0.0	6.0	7.6	4.3	6.4
马来西亚	2.0	5.4	0.6	1.7	3.2	1.7	2.1
美国	2.9	3.8	-0.3	1.6	3.1	2.1	1.5
蒙古	8.2	26.8	6.3	10.2	7.7	15.0	9.6
缅甸	30.9	11.5	2.2	8.2	2.8	2.8	5.8
墨西哥	4.0	5.1	5.3	4.2	3.4	4.1	3.8
南非	7.1	11.5	7.1	4.3	5.0	5.7	5.8

续表

年份 国家	2007	2008	2009	2010	2011	2012	2013
尼日 利亚	5.4	11.6	12.5	13.7	10.8	12.2	8.5
日本	0.1	1.4	-1.3	-0.7	-0.3	0.0	0.4
苏丹	8.0	14.3	11.3	13.0	18.1	35.6	36.5
泰国	2.2	5.5	-0.9	3.3	3.8	3.0	2.2
土耳其	8.8	10.4	6.3	8.6	6.5	8.9	7.5
委内 瑞拉	18.7	30.4	27.1	28.2	26.1	21.1	40.7
新加坡	2.1	6.6	0.6	2.8	5.2	4.6	2.4
新西兰	2.4	4.0	2.1	2.3	4.0	1.1	1.1
伊朗	18.4	25.3	10.8	12.4	21.5	30.5	35.2
意大利	2.0	3.5	0.8	1.6	2.9	3.3	1.3
印度	6.1	8.9	13.0	10.5	9.6	10.2	9.5
印度 尼西亚	6.7	9.8	5.0	5.1	5.3	4.0	6.4
英国	2.3	3.6	2.2	3.3	4.5	2.8	2.6
越南	8.3	23.1	6.7	9.2	18.7	9.1	6.6
赞比亚	10.7	12.4	13.4	8.5	8.7	6.6	7.0

表2-9   失业率   单位:%

年份 国家	2007	2008	2009	2010	2011	2012	2013
阿根廷	8.475	7.875	8.675	7.75	7.15	7.2	7.086
安哥拉	N/A	N/A	N/A	N/A	N/A	N/A	N/A
澳大 利亚	4.367	4.242	5.575	5.217	5.083	5.225	5.658

续表

年份 国家	2007	2008	2009	2010	2011	2012	2013
巴基斯坦	5.325	5.202	5.46	5.55	5.95	6.454	6.7
巴西	9.275	7.892	8.083	6.742	5.983	5.483	5.383
德国	8.683	7.517	7.783	7.1	5.95	5.458	5.283
俄罗斯	6.1	6.3	8.4	7.3	6.5	5.5	5.525
法国	8.375	7.775	9.517	9.725	9.6	10.242	10.808
菲律宾	7.325	7.4	7.475	7.325	7.025	7.025	7.1
哈萨克斯坦	7.258	6.625	6.575	5.783	5.4	5.292	5.2
韩国	3.25	3.175	3.65	3.725	3.408	3.225	3.125
荷兰	3.576	3.066	3.728	4.458	4.448	5.283	6.872
加拿大	6.058	6.15	8.292	7.992	7.442	7.308	7.083
柬埔寨	N/A	N/A	N/A	N/A	N/A	N/A	N/A
老挝	N/A	N/A	N/A	N/A	N/A	N/A	N/A
马来西亚	3.225	3.325	3.675	3.3	3.05	3.025	3.1
美国	4.617	5.8	9.283	9.625	8.933	8.075	7.35
蒙古	11.3	9.2	11.6	9.9	7.7	8.2	10.4
缅甸	4.02	4.02	4.02	4.02	4.02	4.02	4.02
墨西哥	3.715	3.972	5.458	5.375	5.223	4.958	4.92
南非	23.25	22.525	23.7	24.875	24.8	24.875	24.742
尼日利亚	12.7	14.9	19.7	21.1	23.9	N/A	N/A
日本	3.833	3.983	5.05	5.042	4.567	4.342	4.025
苏丹	16.77	16.04	14.894	13.733	12.033	10.832	9.616
泰国	1.364	1.372	1.5	1.05	0.658	0.675	0.725
土耳其	10.244	10.945	14.028	11.887	9.792	9.208	9.728

续表

年份 国家	2007	2008	2009	2010	2011	2012	2013
委内 瑞拉	8.492	7.354	7.879	8.508	8.204	7.823	9.213
新加坡	2.125	2.225	3.025	2.175	2.025	1.95	1.9
新西兰	3.675	4.125	6.15	6.525	6.5	6.875	6.119
伊朗	10.548	10.449	11.912	13.479	12.3	12.2	12.935
意大利	6.1	6.775	7.817	8.425	8.408	10.675	12.242
印度	N/A	N/A	N/A	3.5	N/A	3.60	N/A
印度 尼西亚	9.11	8.39	7.87	7.14	6.56	6.14	6.25
英国	5.35	5.725	7.65	7.85	8.1	7.95	7.604
越南	4.64	4.65	4.6	4.29	4.513	4.468	4.424
赞比亚	N/A	N/A	N/A	N/A	N/A	N/A	N/A

表2-10 　　　　　　　　　　**基尼系数**　　　　　　　　　单位:%

阿根廷	45.8
安哥拉	42.66
澳大利亚	30.3
巴基斯坦	30.6
巴西	51.9
德国	27
俄罗斯	42
法国	30.6
菲律宾	44.8
哈萨克斯坦	28.9
韩国	31.1
荷兰	30.9
加拿大	32.1

续表

柬埔寨	37.9
老挝	36.7
马来西亚	46.2
美国	45
蒙古	36.5
缅甸	N/A
墨西哥	48.3
南非	63.1
尼日利亚	43.7
日本	37.6
苏丹	N/A
泰国	39.4
土耳其	40.2
委内瑞拉	39
新加坡	46.3
新西兰	36.2
伊朗	44.5
意大利	31.9
印度	36.8
印度尼西亚	36.8
英国	32.3
越南	37.6
赞比亚	57.5

表 2 - 11　　　　　公共债务/国内生产总值

阿根廷	0.1000
安哥拉	0.8007

续表

澳大利亚	1.0000
巴基斯坦	0.3468
巴西	0.3064
德国	0.7702
俄罗斯	0.9654
法国	0.6965
菲律宾	0.6558
哈萨克斯坦	0.9638
韩国	0.9632
荷兰	0.7849
加拿大	0.7187
柬埔寨	0.7822
老挝	0.3600
马来西亚	0.4083
美国	0.6468
蒙古	0.3000
缅甸	0.6012
墨西哥	0.5536
南非	0.5691
尼日利亚	0.8913
日本	N/A
苏丹	N/A
泰国	0.5687
土耳其	0.6860
委内瑞拉	0.5128
新加坡	0.6504
新西兰	0.9668
伊朗	1.0000

续表

意大利	0.5162
印度	0.3016
印度尼西亚	0.8073
英国	0.7141
越南	0.4478
赞比亚	0.6951

表 2-12　　　　　　　　　**总外债/国内生产总值**

阿根廷	0.1000
安哥拉	0.7407
澳大利亚	0.8601
巴基斯坦	0.6145
巴西	0.7352
德国	0.6665
俄罗斯	0.5525
法国	0.5674
菲律宾	0.6598
哈萨克斯坦	0.0084
韩国	1.0000
荷兰	0.2624
加拿大	0.9059
柬埔寨	0.4142
老挝	N/A
马来西亚	0.5146
美国	0.8460
蒙古	0.2841

续表

缅甸	N/A
墨西哥	0.5780
南非	0.4859
尼日利亚	0.5759
日本	0.9633
苏丹	0.5058
泰国	0.4750
土耳其	0.3821
委内瑞拉	0.7455
新加坡	N/A
新西兰	0.7889
伊朗	0.9986
意大利	0.7735
印度	0.7229
印度尼西亚	0.5907
英国	0.1080
越南	0.4556
赞比亚	0.6354

表 2 – 13　　　　　　　　　　**短期外债/总外债**

阿根廷	0.1000
安哥拉	0.9735
澳大利亚	0.7217
巴基斯坦	0.9488
巴西	0.9821
德国	0.6010

续表

俄罗斯	0.8440
法国	0.5438
菲律宾	0.8316
哈萨克斯坦	0.9169
韩国	0.6214
荷兰	0.5327
加拿大	0.5620
柬埔寨	0.7787
老挝	0.9910
马来西亚	0.4492
美国	0.6129
蒙古	0.9287
缅甸	0.8401
墨西哥	0.7517
南非	0.7530
尼日利亚	0.6949
日本	0.0934
苏丹	0.6958
泰国	0.4828
土耳其	0.6359
委内瑞拉	0.6722
新加坡	N/A
新西兰	0.4608
伊朗	0.4333
意大利	0.6267
印度	0.6999
印度尼西亚	0.7860

续表

英国	0.1631
越南	0.7962
赞比亚	0.9253

表 2 - 14　　　　　　　　　**财政余额／国内生产总值**

阿根廷	0.7706
安哥拉	0.9024
澳大利亚	0.7549
巴基斯坦	0.4797
巴西	0.7838
德国	0.9994
俄罗斯	0.9161
法国	0.7209
菲律宾	0.9942
哈萨克斯坦	0.6711
韩国	0.9339
荷兰	0.7929
加拿大	0.8000
柬埔寨	0.8028
老挝	0.6893
马来西亚	0.6927
美国	0.5126
蒙古	0.3299
缅甸	0.6744
墨西哥	0.7443

续表

南非	0.7157
尼日利亚	0.6777
日本	0.4447
苏丹	0.8578
泰国	0.9867
土耳其	0.9001
委内瑞拉	N/A
新加坡	0.5395
新西兰	0.9630
伊朗	0.9404
意大利	0.7986
印度	0.5181
印度尼西亚	0.8574
英国	0.6148
越南	0.6221
赞比亚	0.4305

表 2-15　　　　　外债/外汇储备

阿根廷	0.5097
安哥拉	0.7540
澳大利亚	0.5880
巴基斯坦	0.1994
巴西	0.6995
德国	0.9000
俄罗斯	0.6873

续表

法国	0.8000
菲律宾	0.7362
哈萨克斯坦	0.1839
韩国	0.8000
荷兰	N/A
加拿大	0.6708
柬埔寨	0.6842
老挝	N/A
马来西亚	0.7446
美国	1.0000
蒙古	0.6891
缅甸	0.8224
墨西哥	0.5942
南非	0.5001
尼日利亚	0.8000
日本	0.7923
苏丹	N/A
泰国	0.7425
土耳其	0.4741
委内瑞拉	0.0713
新加坡	0.7760
新西兰	0.7271
伊朗	0.8224
意大利	0.4545
印度	0.6779
印度尼西亚	0.5808
英国	0.9000

续表

越南	0.5839
赞比亚	0.6398

表2-16   **经常账户余额/国内生产总值**

阿根廷	0.3660
安哥拉	0.8000
澳大利亚	0.1961
巴基斯坦	0.3435
巴西	0.2645
德国	0.8459
俄罗斯	0.5475
法国	0.2837
菲律宾	0.5356
哈萨克斯坦	0.4786
韩国	0.6523
荷兰	1.0000
加拿大	0.2047
柬埔寨	N/A
老挝	N/A
马来西亚	0.7189
美国	0.2353
蒙古	N/A
缅甸	0.2155
墨西哥	0.3272
南非	0.1844

续表

尼日利亚	0.6345
日本	0.4747
苏丹	0.0609
泰国	0.3907
土耳其	0.0261
委内瑞拉	0.5929
新加坡	1.0000
新西兰	0.1667
伊朗	0.7838
意大利	0.3432
印度	0.2227
印度尼西亚	0.3000
英国	0.2226
越南	0.5836
赞比亚	0.5230

表 2 - 17　　　　　　　　　贸易条件

阿根廷	0.4974
安哥拉	0.9830
澳大利亚	0.7052
巴基斯坦	0.2057
巴西	0.4918
德国	0.3637
俄罗斯	0.9498
法国	0.3387
菲律宾	0.2504

续表

哈萨克斯坦	0.8825
韩国	0.2359
荷兰	0.3552
加拿大	0.4522
柬埔寨	0.2869
老挝	0.4175
马来西亚	0.3866
美国	0.3613
蒙古	0.7861
缅甸	0.4303
墨西哥	0.4162
南非	0.5550
尼日利亚	0.8463
日本	0.2307
苏丹	1.0000
泰国	0.3554
土耳其	0.3327
委内瑞拉	1.0000
新加坡	0.3075
新西兰	0.4936
伊朗	0.7420
意大利	0.3618
印度	0.4860
印度尼西亚	0.4930
英国	0.3794
越南	0.3836
赞比亚	0.7006

表 2 – 18　　　　　　　　　　银行业不良资产比重

国家	银行不良贷款率
阿根廷	0.7963
安哥拉	0.3000
澳大利亚	0.8519
巴基斯坦	N/A
巴西	0.5741
德国	0.5704
俄罗斯	N/A
法国	0.3148
菲律宾	0.5556
哈萨克斯坦	N/A
韩国	0.9815
荷兰	0.5185
加拿大	1.0000
柬埔寨	0.3000
老挝	0.3000
马来西亚	0.7778
美国	0.5185
蒙古	0.3000
缅甸	0.3000
墨西哥	0.5185
南非	0.4444
尼日利亚	0.5185
日本	0.6852
苏丹	0.1000
泰国	0.6852
土耳其	0.6296

续表

国家	银行不良贷款率
委内瑞拉	0.9815
新加坡	0.9444
新西兰	0.8889
伊朗	0.3000
意大利	N/A
印度	0.4074
印度尼西亚	0.7963
英国	0.2556
越南	0.4000
赞比亚	0.3000

表 2 - 19 内部冲突

年份 国家	2007	2008	2009	2010	2011	2012	2013
阿根廷	4.5	4	4	4	4	4	4
安哥拉	8	7	7	7	7	7	6.5
澳大利亚	1	1	1	1	1	1	1
巴基斯坦	8	8	8	8	8	8	8
巴西	5	5	5	5	5	5	5
德国	1	1	1	1	1	1	1
俄罗斯	5	5	5	5	5	5	5
法国	1	1	1	1	1	1	1
菲律宾	N/A	6	N/A	6	N/A	6	6
哈萨克斯坦	5	5	5	5	5	5	5

续表

年份 国家	2007	2008	2009	2010	2011	2012	2013
韩国	1	1	1	1	1	1	1
荷兰	N/A	N/A	N/A	N/A	N/A	N/A	1
加拿大	1	1	1	1	1	1	1
柬埔寨	8	8	8	8	8	8	8
老挝	N/A	7	N/A	7	N/A	7	6.5
马来西亚	N/A	4	N/A	4	N/A	4	4
美国	1	1	1	1	1	1	1
蒙古	8	8	8	8	8	8	8
缅甸	N/A	9	N/A	9	N/A	9	9
墨西哥	5	5	5	5	5.5	6	6
南非	6	6	6	6	6	6	6.5
尼日利亚	9	9	8.5	8	8	8	8
日本	1	1	1	1	1	1	1
苏丹	9	8	8	8	8.5	9	9
泰国	N/A	4	N/A	5	N/A	5	5
土耳其	4	3	3	3	3	3	3
委内瑞拉	N/A	3	N/A	4	N/A	4	4
新加坡	N/A	1	N/A	1	N/A	1	1
新西兰	N/A	N/A	N/A	N/A	N/A	N/A	1
伊朗	N/A	8	N/A	7	N/A	6	6
意大利	1	1	1	1	1	1	1
印度	6	6	6	6	6	6	5.5
印度尼西亚	5	5	5	6	6	6	6

续表

年份 国家	2007	2008	2009	2010	2011	2012	2013
英国	1	1	1	1	1	1	1
越南	5	5	5	5	5	5	5
赞比亚	7.5	8	7.5	7	7	7	7

表 2 – 20　　　　　　　　　　　环境政策

年份 国家	2007	2008	2009	2010	2011	2012	2013
阿根廷	3.5	3	3	3	3.5	4	4.5
安哥拉	6.75	3	3.5	4	4	4	3.5
澳大利亚	10	10	10	10	10	10	10
巴基斯坦	7	7	8	9	9	9	6.5
巴西	3	3	3	3	3	3	5
德国	10	10	10	10	10	10	10
俄罗斯	3	4	4	4	4	4	3.5
法国	10	10	10	10	10	10	10
菲律宾	N/A	5	N/A	6	N/A	6	6.5
哈萨克斯坦	2	3	3	3	2.5	2	3.5
韩国	2	2	2	2	2	2	5
荷兰	N/A	N/A	N/A	N/A	N/A	N/A	10
加拿大	10	10	10	10	10	10	10
柬埔寨	4.5	4	4	4	4	4	3.5
老挝	N/A	4	N/A	4	N/A	4	4
马来西亚	N/A	6	N/A	6	N/A	6	6
美国	10	10	10	10	10	10	10

续表

年份 国家	2007	2008	2009	2010	2011	2012	2013
蒙古	1.5	2	2.5	3	3	3	4
缅甸	N/A	1	N/A	1	N/A	1	2
墨西哥	4.5	5	5	5	5	5	5.5
南非	5	5	5	6	5.5	5	6
尼日利亚	8	8	8	8	8	8	5.5
日本	10	10	10	10	10	10	10
苏丹	10	10	10	9	9	9	5.5
泰国	N/A	6	N/A	6	N/A	6	6
土耳其	5	5	5	5	5	5	5
委内瑞拉	N/A	3	N/A	3	N/A	3	3
新加坡	N/A	9	N/A	9	N/A	8	8
新西兰	N/A	N/A	N/A	N/A	N/A	N/A	10
伊朗	N/A	3	N/A	3	N/A	4	3.5
意大利	10	10	10	10	10	10	10
印度	5	5	5	5	5	5	5
印度尼西亚	7	7	7	6	6	6	5
英国	10	10	10	10	10	10	10
越南	5	5	4.5	4	4	4	5
赞比亚	2	3	3	3	3	3	3

表 2-21   资本和人员流动的限制

年份 国家	2007	2008	2009	2010	2011	2012	2013
阿根廷	3.55	6.8	4.65	4.59	3.86	3.63	3.63
安哥拉	2.5	4.7	2.2	0.4	1.5	2.5	2.5
澳大利亚	3.33	6.08	3.31	3.22	3.24	2.97	2.97
巴基斯坦	2.75	5.33	2.96	2.38	2.27	2.32	2.32
巴西	6.26	7.48	5.63	5.35	5.14	5.18	5.18
德国	6.21	8.35	6.02	5.99	5.94	5.6	5.6
俄罗斯	3.14	5.4	2.95	2.94	3.53	3.81	3.81
法国	6.59	8.16	6.69	6.57	6.6	6.38	6.38
菲律宾	2.3	2.2	2.2	2.3	2.4	N/A	2.4
哈萨 克斯坦	2.56	4.13	2.42	2.05	2.13	2.56	2.56
韩国	5.79	9.27	7.33	6.92	7.64	7.76	7.76
荷兰	7.9	7.8	7.7	7.7	7.7	N/A	7.7
加拿大	6.7	7.8	6.7	6.7	6.7	6.6	6.6
柬埔寨	N/A	N/A	N/A	4.52	4.52	4.52	4.52
老挝	N/A	N/A	N/A	N/A	N/A	N/A	N/A
马来 西亚	6	5.7	5.6	6	6	N/A	6
美国	5.88	7.44	5.92	5.69	4.79	4.83	4.83
蒙古	3.43	5.11	2.63	N/A	4.15	4.29	4.29
缅甸	0	0	0	0	0	N/A	N/A
墨西哥	4.43	7.08	4.45	4.3	4.25	4.23	4.23
南非	5.3	8.09	5.32	4.9	4.94	5.22	5.22
尼日 利亚	4.11	4.11	4.16	3.57	3.49	3.68	3.68
日本	7.23	8.08	5.62	5.6	5.59	5.51	5.51

续表

年份 国家	2007	2008	2009	2010	2011	2012	2013
苏丹	N/A	N/A	N/A	N/A	N/A	N/A	N/A
泰国	3.2	2.8	2.9	3.1	3.2	N/A	3.2
土耳其	6.03	9.12	6.34	6.07	6.44	6.3	6.3
委内瑞拉	4.5	4.3	3.5	3.5	3.4	N/A	3.4
新加坡	8.5	8.3	8.5	8.6	8.5	N/A	8.5
新西兰	7	7.1	7.1	6.8	6.8	N/A	6.8
伊朗	0	0	1	1	1	N/A	1
意大利	6.62	7.87	6.5	6.39	6.27	6.16	6.16
印度	2.58	5.73	2.48	2.17	2.05	2.16	2.16
印度 尼西亚	3.72	6.05	3.26	3.03	3.08	2.92	2.92
英国	8.74	9.1	8.58	8.41	8.56	8.5	8.5
越南	2.04	5.44	2.39	2	1.86	2.23	2.23
赞比亚	7.07	5.84	7.03	6.83	6.61	6.8	6.8

表 2-22　　　　　　　　劳动力市场管制

年份 国家	2007	2008	2009	2010	2011	2012	2013
阿根廷	5.1	5.1	5.2	5.2	5.3	5.3	5.3
安哥拉	4	3.8	4	3	3.9	3.8	3.8
澳大利亚	8.4	8.5	8.6	8.5	8.4	7.9	7.9
巴基斯坦	5.7	5.7	5.6	5.6	5.6	5.7	5.7
巴西	3.8	3.8	4	3.9	4.4	4.5	4.5
德国	3.9	3.9	3.9	3.9	5.3	5.4	5.4
俄罗斯	6	5.9	6.2	6.1	6.1	6.1	6.1

续表

年份 国家	2007	2008	2009	2010	2011	2012	2013
法国	5.5	5.5	5.4	5.6	5.9	5.8	5.8
菲律宾	5.9	5.9	6	6	6.1	N/A	6.1
哈萨克斯坦	7.2	7.1	7	6.9	7.2	7.1	7.1
韩国	4.8	5.1	4.3	4	4.4	4.6	4.6
荷兰	6.6	6.7	6.7	6.7	6.8	N/A	6.8
加拿大	8.2	8.2	8.3	8.3	8.5	8.5	8.5
柬埔寨	N/A	N/A	N/A	7.5	7.5	7.5	7.5
老挝	N/A	N/A	N/A	N/A	N/A	N/A	N/A
马来西亚	7.6	7.6	7.8	7.9	8	N/A	8
美国	9.1	9.2	9.2	9.2	9.1	9.1	9.1
蒙古	7.1	6.8	6.7	N/A	7.2	7.2	7.2
缅甸	N/A	N/A	N/A	N/A	N/A	N/A	N/A
墨西哥	5.7	5.7	5.6	5.5	5.5	5.5	5.5
南非	6.1	6.1	6.1	6.1	6.1	6.1	6.1
尼日利亚	8.1	8.2	8.3	8.3	8.4	8	8
日本	8.5	8.5	8.4	8.2	8.4	8.3	8.3
苏丹	N/A	N/A	N/A	N/A	N/A	N/A	N/A
泰国	5.6	5.6	5.7	5.6	5	N/A	5
土耳其	3.8	3.8	4.2	4.4	4.8	4.8	4.8
委内瑞拉	3	3.1	4.5	3.6	3.5	N/A	3.5
新加坡	7.7	7.7	7.8	7.7	7.7	N/A	7.7
新西兰	8.4	8.5	8.5	8.5	8.7	N/A	8.7
伊朗	4.5	4.5	4.4	4.4	4.7	N/A	4.7
意大利	6.5	6.4	6.2	6.3	6.8	6.5	6.5

续表

国家 \ 年份	2007	2008	2009	2010	2011	2012	2013
印度	7.3	7.2	7.3	7.3	7.9	8	8
印度尼西亚	4.9	5.2	5.3	5.1	4.8	4.7	4.7
英国	8.5	8.4	7.9	8	8.2	8.2	8.2
越南	5.4	5.3	5.2	5.4	5.7	5.4	5.4
赞比亚	6.9	6.4	6.3	6.3	6.5	6.3	6.3

表2-23　　　　　　　　　　商业管制

国家 \ 年份	2007	2008	2009	2010	2011	2012	2013
阿根廷	5.5	5.2	5.1	5.2	5.2	4.7	4.7
安哥拉	3.5	4.1	4.7	5.9	5	4.4	4.4
澳大利亚	7.3	6.7	6.7	6.7	6.7	7.6	7.6
巴基斯坦	4.6	5.3	5.3	5.4	5.4	5.1	5.1
巴西	4.2	3.6	3.5	3.5	3.6	3.7	3.7
德国	7.4	6.6	6.5	6.5	6.5	7.5	7.5
俄罗斯	4.9	4.5	4.4	4.7	4.5	4.9	4.9
法国	7.3	6.6	6.4	6.4	6.5	7.1	7.1
菲律宾	5.8	5.8	5.7	5.8	6	N/A	6
哈萨克斯坦	5.4	5.5	5.7	6.1	6.1	6.1	6.1
韩国	6.9	6.7	6.7	6.6	6.5	6.7	6.7
荷兰	6.4	6.4	6.5	7.7	7.9	N/A	7.9
加拿大	7.8	7.1	7.1	7.1	7.1	8	8
柬埔寨	N/A	N/A	N/A	5.1	5.1	5.1	5.1
老挝	N/A	N/A	N/A	N/A	N/A	N/A	N/A

续表

国家＼年份	2007	2008	2009	2010	2011	2012	2013
马来西亚	6.6	6.5	6.4	7.1	7.5	N/A	7.5
美国	9.3	6.5	6.8	6.8	6.8	7.3	7.3
蒙古	5.8	6.3	6.2	N/A	6.2	5.7	5.7
缅甸	N/A	N/A	N/A	N/A	N/A	N/A	N/A
墨西哥	5.7	5.8	5.5	5.7	6	6	6
南非	6.4	6.1	6.4	6.4	6.2	6.6	6.6
尼日利亚	3.7	4	4	4.1	4.1	4.7	4.7
日本	7.4	6.4	6.5	6.3	6.1	7	7
苏丹	N/A	N/A	N/A	N/A	N/A	N/A	N/A
泰国	6.2	6.3	6.3	6.3	6.2	N/A	6.2
土耳其	6.6	6.3	6.3	6.3	6.3	6.2	6.2
委内瑞拉	3.5	3.6	3.7	3.3	3.3	N/A	3.3
新加坡	8	8	8	9	9	N/A	9
新西兰	7.5	7.6	7.4	8.4	8.5	N/A	8.5
伊朗	6.4	6.9	5.7	5.5	5.6	N/A	5.6
意大利	6.2	5.6	5.5	5.5	5.6	5.6	5.6
印度	5.9	4.9	4.9	5	5.3	5.1	5.1
印度尼西亚	5.3	5.7	5.7	6	6	5.9	5.9
英国	7.6	6.8	6.7	6.8	6.8	7.6	7.6
越南	4.2	4.7	4.7	4.7	4.8	4.3	4.3
赞比亚	5.9	6	6.2	6.3	5.8	5.8	5.8

表 2 - 24 　　　　　　　　教育水平

年份 国家	2007	2008	2009	2010	2011	2012	2013
阿根廷	5.1	5.2	5.3	5.4	5.4	5.4	5.4
安哥拉	N/A	N/A	N/A	1.7	1.8	2.1	2.1
澳大利亚	7.5	7.5	7.5	7.6	7.6	7.6	7.6
巴基斯坦	2.3	2.3	2.3	2.4	2.4	2.4	2.4
巴西	7.3	7.3	7.3	7.3	7.3	7.3	7.3
德国	9.1	9.1	9	9.1	9.1	9.1	9.1
俄罗斯	6.3	6.3	6.5	6.5	6.5	6.5	6.5
法国	7.8	7.8	7.8	7.9	7.9	7.9	7.9
哈萨 克斯坦	6.6	6.6	6.7	6.9	7.1	7.2	7.2
韩国	5.8	5.8	5.8	5.8	5.8	5.8	5.8
加拿大	6.1	6.1	6.1	6.1	6.1	6.1	6.1
柬埔寨	2.5	2.7	N/A	N/A	N/A	N/A	2.7
美国	5.8	5.8	5.8	5.8	5.8	5.8	5.8
蒙古	5.4	N/A	N/A	5.6	5.2	5.4	5.4
墨西哥	5.2	5.3	5.3	5.4	5.5	5.5	5.5
南非	4.8	4.7	4.7	4.7	4.7	4.7	4.7
尼日 利亚	2.1	2	1.9	2.1	2.3	2.6	2.6
日本	6.1	6.1	6.1	6.1	6.1	6.1	6.1
苏丹	1.6	1.7	1.9	1.9	1.9	1.9	1.9
土耳其	5.2	5.1	5.4	5.7	5.7	5.7	5.7
意大利	7.9	7.9	7.9	8	8	8	8
印度	4	4.2	4.1	4.4	4.4	4.4	4.4
印度 尼西亚	4.3	4.2	4.5	4.6	4.9	4.9	4.9
英国	6.8	6.9	7.1	7.4	7.4	7.4	7.4
越南	N/A	N/A	N/A	N/A	N/A	N/A	N/A

续表

年份 国家	2007	2008	2009	2010	2011	2012	2013
赞比亚	N/A	N/A	N/A	N/A	N/A	N/A	N/A
缅甸	3	3.2	3.2	3.3	N/A	N/A	3.3
委内瑞拉	4	4.1	4.1	4.1	4.2	4.3	4.3
新加坡	N/A	N/A	N/A	N/A	N/A	N/A	7.2
泰国	4.5	4.5	4.6	4.6	5.2	5.2	5.2
老挝	2.6	2.6	2.6	2.7	3.1	3.3	3.3
菲律宾	3.3	3.4	3.4	N/A	N/A	N/A	3.4
马来 西亚	4.8	4.8	4.7	4.8	4.7	N/A	4.7
伊朗	5.5	5.7	5.8	5.7	6	6	6
新西兰	8.4	8.2	8.8	8.3	8.3	8.3	8.3
荷兰	7.2	7.3	7.3	7.3	7.7	7.7	7.7

表 2-25 社会安全

年份 国家	2007	2008	2009	2010	2011	2012	2013
阿根廷	5.3	5.8	5.5	5.5	5.5	5.5	5.5
安哥拉	N/A	19	N/A	N/A	N/A	10	10
澳大利亚	1.2	1.2	1.2	1	1.1	1.1	1.1
巴基斯坦	6.4	7.2	7.3	7.6	7.8	7.8	7.8
巴西	21	20.4	22.8	21.7	22.4	21.8	21.8
德国	0.9	0.9	0.9	0.8	0.8	0.8	0.8
俄罗斯	12.8	11.6	11.2	10.2	9.7	9.7	9.7
法国	1.3	1.4	1.1	1.1	1.2	1.2	1.2
菲律宾	6.7	6.4	6.9	9.5	9.1	8.8	8.8
哈萨克斯坦	10.7	10.5	10.1	8.7	8.8	8.8	8.8
韩国	2.3	2.3	2.9	2.6	2.6	2.6	2.6

续表

年份 国家	2007	2008	2009	2010	2011	2012	2013
荷兰	0.9	0.9	0.9	0.9	0.9	0.9	0.9
加拿大	1.6	1.7	1.6	1.4	1.5	1.5	1.5
柬埔寨	N/A	N/A	N/A	N/A	N/A	6.5	6.5
老挝	N/A	N/A	N/A	N/A	N/A	5.9	5.9
马来西亚	N/A	N/A	N/A	N/A	N/A	2.3	2.3
美国	5.7	5.4	5	4.7	4.7	4.7	4.7
蒙古	13	11.2	7.9	8.1	8.7	9.5	9.5
缅甸	N/A	10.2	N/A	N/A	N/A	15.2	15.2
墨西哥	8.1	12.7	17.7	22.7	23.7	23.7	23.7
南非	37.9	36.8	33.8	31.8	30.9	30.9	30.9
尼日利亚	N/A	12.2	N/A	N/A	N/A	20	20
日本	0.5	0.5	0.4	0.4	0.3	0.3	0.3
苏丹	N/A	24.2	N/A	N/A	N/A	11.2	11.2
泰国	6.5	5.8	5.4	5.3	4.8	N/A	4.7
土耳其	3.6	3.3	3.3	2.7	2.6	N/A	2.6
委内瑞拉	47.7	52.0	49.0	45.1	47.8	53.7	53.7
新加坡	0.4	0.4	0.5	0.4	0.3	0.2	0.2
新西兰	1.2	1.2	1.2	1.0	0.9	0.9	0.9
伊朗	N/A	N/A	3	N/A	N/A	4.1	4.1
意大利	1.1	1	1	0.9	0.9	0.9	0.9
印度	3.4	3.4	3.4	3.4	3.5	3.5	3.5
印度尼西亚	N/A	0.6	0.6	0.4	0.6	0.6	0.6
英国	1.4	1.2	1.1	1.1	1	1	1
越南	N/A	N/A	N/A	N/A	N/A	N/A	N/A
赞比亚	3.4	2.7	3.1	1.8	N/A	10.7	10.7

表 2 - 26   其他投资风险

年份 国家	2007	2008	2009	2010	2011	2012	2013
阿根廷	6.5	5.5	5.5	5.5	6.5	6	6
安哥拉	8	8	8	8	7.5	7.5	7.5
澳大利亚	12	12	12	10.5	10.5	10.5	10.5
巴基斯坦	8	7.5	7.5	7.5	7	6.5	6.5
巴西	7.5	7	7	8	8	7.5	7.5
德国	12	11.5	11.5	11.5	10.5	11	11
俄罗斯	9.5	9.5	9.5	9.5	9.5	8.5	8.5
法国	12	11	11	11	8	7.5	7.5
菲律宾	9	9	9	9	9.5	9	9
哈萨克斯坦	8.5	10	8	7.5	7.5	7.5	7.5
韩国	10	10	10	10	10	10	10
荷兰	12	11	11	11	10.5	9	9
加拿大	12	11.5	11.5	11	12	12	12
柬埔寨	N/A	N/A	N/A	N/A	N/A	N/A	N/A
老挝	N/A	N/A	N/A	N/A	N/A	N/A	N/A
马来西亚	9.5	9.5	9.5	9.5	9.5	9.5	9.5
美国	12	11	12	12	12	12	12
蒙古	8	7	7	6.5	6.5	6.5	6.5
缅甸	2.5	2.5	2.5	2.5	3	6	6
墨西哥	10.5	9.5	9.5	9.5	9.5	9.5	9.5
南非	10.5	10.5	9.5	9.5	9.5	9.5	9.5
尼日利亚	6	6.5	6.5	6.5	6.5	6.5	6.5
日本	11.5	11.5	11.5	11.5	11.5	11	11
苏丹	7.5	7.5	7.5	7.5	7	7	7
泰国	7	7.5	7.5	7.5	8.5	8.5	8.5
土耳其	8	7.5	7.5	7.5	7.5	8	8
委内瑞拉	2.5	2.5	2.5	2.5	4	4	4
新加坡	12	12	12	12	12	12	12

续表

年份\国家	2007	2008	2009	2010	2011	2012	2013
新西兰	12	12	12	12	12	12	12
伊朗	6.5	6	5	4.5	4.5	4.5	4.5
意大利	11.5	11.5	11.5	11	7.5	7.5	7.5
印度	8.5	8.5	8.5	8.5	8.5	7.5	7.5
印度尼西亚	9	9	9	8	8	7	7
英国	12	10.5	10.5	11.5	8.5	8.5	8.5
越南	9	8	8	8	7	7	7
赞比亚	6	6	6	6	6	6	6

表 2-27　　　　　　执政时间（任期还剩多少年）

国家	执政时间
阿根廷	3
安哥拉	4
澳大利亚	1
巴基斯坦	1
巴西	2
德国	1
俄罗斯	0
法国	0
菲律宾	4
哈萨克斯坦	0
韩国	2
荷兰	2
加拿大	3
柬埔寨	1
老挝	4

续表

国家	执政时间
马来西亚	2
美国	0
蒙古	1
缅甸	N/A
墨西哥	0
南非	2
尼日利亚	3
日本	2
苏丹	N/A
泰国	3
土耳其	0
委内瑞拉	0
新加坡	4
新西兰	2
伊朗	1
意大利	1
印度	2
印度尼西亚	2
英国	3
越南	4
赞比亚	4

表 2-28　　　　　　　政府稳定性

年份 国家	2007	2008	2009	2010	2011	2012	2013
阿根廷	9.5	6	5	6	8.5	5.5	5.5
安哥拉	9.5	10.5	10.5	9.5	7.5	8.5	8.5

续表

国家＼年份	2007	2008	2009	2010	2011	2012	2013
澳大利亚	10	10.5	10.5	7.5	5	6.5	6.5
巴基斯坦	5	6.5	6	5.5	5	6	6
巴西	8.5	9.5	9.5	9	7.5	8.5	8.5
德国	10	10	10	6	5.5	8.5	8.5
俄罗斯	11.5	11	10.5	9	8	7	7
法国	9.5	9	9.5	8	5.5	6.5	6.5
菲律宾	5	5	5	8.5	7.5	7.5	7.5
哈萨克斯坦	10.5	10.5	10.5	10	9.5	9	9
韩国	6.5	7.5	8	8.5	5.5	7.5	7.5
荷兰	7	8	7.5	7	6.5	8	8
加拿大	7.5	6.5	9.5	8.5	9.5	9	9
柬埔寨	N/A	N/A	N/A	N/A	N/A	N/A	N/A
老挝	N/A	N/A	N/A	N/A	N/A	N/A	N/A
马来西亚	9	5.5	7	6.5	6	5	5
美国	6	8.5	9	7.5	8.5	8.5	8.5
蒙古	8	8	9	9	7	6	6
缅甸	9.5	9.5	9.5	9.5	9.5	10	10
墨西哥	8.5	9	7.5	6.5	7.5	8	8
南非	8.5	6	8	6.5	7	5.5	5.5
尼日利亚	7	8	7.5	7.5	8	7	7
日本	6.5	5	9	5	7.5	5.5	5.5
苏丹	8.5	9	7	7.5	7	7	7
泰国	6.5	6	7	7	7	6	6
土耳其	9	7.5	8.5	8.5	8.5	7	7
委内瑞拉	10	9	7.5	7.5	6.5	7	7
新加坡	11	11	11	11	9.5	9.5	9.5
新西兰	6	8	8.5	8.5	8.5	8	8

续表

国家＼年份	2007	2008	2009	2010	2011	2012	2013
伊朗	8.5	6.5	6.5	5.5	5	5	5
意大利	7	9.5	8.5	5.5	6	6.5	6.5
印度	6.5	7	9	7	6	6	6
印度尼西亚	7.5	7.5	9	7.5	7.5	5	5
英国	8	8	6	8.5	6.5	7	7
越南	10.5	10.5	10.5	10	8	7.5	7.5
赞比亚	7.5	8	7.5	7.5	6.5	7.5	7.5

表 2 – 29　　　　　　　　　　　军事干预政治

国家＼年份	2007	2008	2009	2010	2011	2012	2013
阿根廷	4.5	4.5	4.5	4.5	4.5	4.5	4.5
安哥拉	2	2	2	2	2	2	2
澳大利亚	6	6	6	6	6	6	6
巴基斯坦	1	1	1	1.5	1.5	1.5	1.5
巴西	4	4	4	4	4	4	4
德国	6	6	6	6	6	6	6
俄罗斯	4.5	4.5	4.5	4.5	4.5	4.5	4
法国	5.5	5.5	5.5	5.5	5.5	5.5	5.5
菲律宾	3.5	3.5	3.5	3	3	3	3
哈萨克斯坦	5	5	5	5	5	5	5
韩国	4	4	4	4	4	4	4
荷兰	6	6	6	6	6	6	6
加拿大	6	6	6	6	6	6	6
柬埔寨	N/A	N/A	N/A	N/A	N/A	N/A	N/A
老挝	N/A	N/A	N/A	N/A	N/A	N/A	N/A
马来西亚	5	5	5	5	5	5	5

续表

年份 国家	2007	2008	2009	2010	2011	2012	2013
美国	4	4	4	4	4	4	4
蒙古	5	5	5	5	5	5	5
缅甸	1	1	1	1	1	1.5	1.5
墨西哥	4.5	4.5	4.5	4.5	4	3.5	3.5
南非	5	5	5	5	5	5	5
尼日利亚	2	2	2	2	2	2	2
日本	5	5	5	5	5	5	5
苏丹	0	0	0	0	0	0	0
泰国	3.5	3.5	3.5	3	2	2	2
土耳其	2	2	2	2	2	2	2
委内瑞拉	0.5	0.5	0.5	0.5	0.5	0.5	0.5
新加坡	5	5	5	5	5	5	5
新西兰	6	6	6	6	6	6	6
伊朗	5	5	5	5	4.5	4.5	4.5
意大利	6	6	6	6	6	6	6
印度	4	4	4	4	4	4	4
印度尼西亚	2.5	2.5	2.5	2.5	2.5	2.5	2.5
英国	6	6	6	6	6	6	6
越南	3	3	3	3	3	3	3
赞比亚	5	5	5	5	5	5	5

表2-30　　　　　　　　　　　　　　腐败

年份 国家	2007	2008	2009	2010	2011	2012	2013
阿根廷	2.5	2.5	2.5	2.5	2.5	2	2
安哥拉	2	2	2	2	2	1.5	1.5
澳大利亚	4.5	4.5	4.5	5	5	4.5	4.5

续表

国家＼年份	2007	2008	2009	2010	2011	2012	2013
巴基斯坦	2	2	2	2	2	2	2
巴西	2	3	3	3	3	2.5	2.5
德国	5	5	5	5	5	5	5
俄罗斯	2	2	2	2	2	1.5	1.5
法国	5	5	5	4.5	4.5	4.5	4.5
菲律宾	2	2	2	2	2	2	2
哈萨克斯坦	1.5	1.5	1.5	1.5	1.5	1.5	1.5
韩国	2.5	3	3	3	3	3	3
荷兰	5	5	5	5	5	5	5
加拿大	5	5	5	5	5	5	5
柬埔寨	N/A	N/A	N/A	N/A	N/A	N/A	N/A
老挝	N/A	N/A	N/A	N/A	N/A	N/A	N/A
马来西亚	2.5	2.5	2.5	2.5	2.5	2.5	2.5
美国	4	4	4	4	4	4	4
蒙古	2	2	2	2	2	2	2
缅甸	1.5	1.5	1.5	1.5	1.5	1.5	1.5
墨西哥	2	2	2.5	2.5	2	2	2
南非	2.5	2.5	2.5	3	2.5	2.5	2.5
尼日利亚	1.5	1.5	1.5	1.5	1.5	1.5	1.5
日本	3	3	3	4.5	4.5	4.5	4.5
苏丹	1	1	1	1	1	0.5	0.5
泰国	1.5	2	2	2	2	2	2
土耳其	2.5	2.5	2.5	2.5	2.5	2.5	2.5
委内瑞拉	1	1	1	1	1	1	1
新加坡	4.5	4.5	4.5	4.5	4.5	4.5	4.5
新西兰	5.5	5.5	5.5	5.5	5.5	5.5	5.5

续表

国家＼年份	2007	2008	2009	2010	2011	2012	2013
伊朗	2	2	2	1.5	1.5	1.5	1.5
意大利	2.5	2.5	2.5	2.5	2.5	2.5	2.5
印度	2.5	2.5	2.5	2.5	2	2.5	2.5
印度尼西亚	3.5	4	3	3	3	3	3
英国	4	4	4	4	4	4.5	4.5
越南	3.5	3.5	3.5	2.5	2.5	2.5	2.5
赞比亚	3.5	3	3	3	3	2.5	2.5

表 2－31 民主问责

国家＼年份	2007	2008	2009	2010	2011	2012	2013
阿根廷	4.5	4.5	4.5	4.5	4.5	4	4
安哥拉	2	2	2	2	2.5	2.5	2.5
澳大利亚	6	6	6	6	6	6	6
巴基斯坦	1	1.5	2	3	3	3	3
巴西	5	5	5	5	5	5	5
德国	6	6	6	6	6	6	6
俄罗斯	3	2.5	2.5	2.5	2	2	2
法国	6	6	6	6	6	6	6
菲律宾	5	5	5	5	5	5	5
哈萨克斯坦	2	2	2	2	1.5	1.5	1.5
韩国	6	6	6	6	5.5	5.5	5.5
荷兰	6	6	6	6	6	6	6
加拿大	6	6	6	5.5	5.5	6	6
柬埔寨	N/A	N/A	N/A	N/A	N/A	N/A	N/A
老挝	N/A	N/A	N/A	N/A	N/A	N/A	N/A
马来西亚	4.5	4.5	4.5	4.5	4	4	4

续表

国家＼年份	2007	2008	2009	2010	2011	2012	2013
美国	6	6	6	6	6	6	6
蒙古	4	4	4	4	4	4	4
缅甸	0	0	0	0	2	2.5	2.5
墨西哥	6	6	6	6	6	6	6
南非	5	5	5	5	5	5	5
尼日利亚	3.5	3.5	3.5	3.5	3.5	3.5	3.5
日本	5	5	5	5	5	5	5
苏丹	2	2	2	2	2	2	2
泰国	4.5	4.5	4.5	4.5	4.5	4.5	4.5
土耳其	5	5	5	4.5	4	4	4
委内瑞拉	3.5	3	3	3	3	3	3
新加坡	2	2	2	2	2	2	2
新西兰	6	6	6	6	6	6	6
伊朗	4.5	4.5	4	4	3	2.5	2.5
意大利	5.5	5.5	5.5	5.5	5.5	5.5	5.5
印度	6	6	6	6	6	6	6
印度尼西亚	5	5	5	5	5	5	5
英国	6	6	6	6	6	6	6
越南	1	1	1	1.5	1.5	1.5	1.5
赞比亚	4	4	4	4	4	4	4

表 2-32　　　　　　　　　　　**政府有效性**

国家＼年份	2007	2008	2009	2010	2011	2012	2013
阿根廷	-0.03	-0.03	-0.12	-0.35	-0.21	-0.16	-0.25
安哥拉	-1.37	-1.24	-1.07	-0.98	-1.12	-1.15	-1.02
澳大利亚	1.76	1.82	1.78	1.75	1.81	1.74	1.61

续表

国家＼年份	2007	2008	2009	2010	2011	2012	2013
巴基斯坦	-0.36	-0.45	-0.68	-0.78	-0.77	-0.82	-0.79
巴西	-0.16	-0.13	-0.02	0.02	0.07	-0.01	-0.12
德国	1.65	1.66	1.55	1.57	1.55	1.53	1.57
俄罗斯	-0.49	-0.42	-0.4	-0.35	-0.4	-0.4	-0.43
法国	1.58	1.48	1.58	1.48	1.44	1.36	1.33
菲律宾	-0.05	0.07	0.02	-0.12	-0.1	0	0.08
哈萨克斯坦	-0.45	-0.53	-0.41	-0.21	-0.28	-0.26	-0.44
韩国	1.08	1.25	1.09	1.08	1.19	1.23	1.2
荷兰	1.78	1.73	1.69	1.75	1.73	1.79	1.8
加拿大	1.93	1.77	1.79	1.83	1.86	1.85	1.75
柬埔寨	-0.96	-0.86	-0.95	-0.8	-0.82	-0.75	-0.83
老挝	-0.99	-0.87	-0.87	-0.96	-0.87	-0.85	-0.88
马来西亚	1.19	1.24	1.15	0.96	1.1	1	1.01
美国	1.56	1.59	1.54	1.4	1.44	1.41	1.51
蒙古	-0.4	-0.51	-0.51	-0.69	-0.61	-0.62	-0.63
缅甸	-1.51	-1.46	-1.52	-1.65	-1.67	-1.64	-1.53
墨西哥	0.16	0.16	0.17	0.19	0.17	0.32	0.32
南非	0.52	0.51	0.53	0.46	0.38	0.37	0.33
尼日利亚	-0.96	-1.03	-0.95	-1.22	-1.18	-1.12	-1
日本	1.54	1.44	1.43	1.33	1.4	1.35	1.4
苏丹	-1.14	-1.09	-1.28	-1.28	-1.37	-1.39	-1.46
泰国	0.39	0.36	0.25	0.17	0.08	0.1	0.21
土耳其	0.16	0.29	0.26	0.34	0.35	0.41	0.4
委内瑞拉	-1	-1.01	-1.06	-0.89	-1.02	-1.1	-1.14
新加坡	2.18	2.36	2.41	2.27	2.24	2.16	2.15
新西兰	1.65	1.66	1.64	1.9	1.87	1.93	1.79

续表

年份 国家	2007	2008	2009	2010	2011	2012	2013
伊朗	-0.57	-0.59	-0.6	-0.61	-0.5	-0.46	-0.54
意大利	0.44	0.28	0.37	0.49	0.51	0.45	0.41
印度	-0.04	0.11	-0.03	-0.02	-0.01	-0.03	-0.18
印度尼西亚	-0.33	-0.27	-0.23	-0.26	-0.19	-0.24	-0.29
英国	1.72	1.66	1.64	1.5	1.56	1.55	1.53
越南	-0.17	-0.19	-0.17	-0.29	-0.31	-0.28	-0.29
赞比亚	-0.81	-0.71	-0.73	-0.76	-0.8	-0.65	-0.5

表 2-33　　　　　　　　　　法制

年份 国家	2010	2011	2012	2013
阿根廷	-0.67	-0.58	-0.56	-0.71
安哥拉	-1.22	-1.24	-1.23	-1.28
澳大利亚	1.74	1.77	1.78	1.75
巴基斯坦	-0.89	-0.79	-0.9	-0.91
巴西	-0.2	0	0.01	-0.11
德国	1.65	1.63	1.61	1.64
俄罗斯	-0.78	-0.77	-0.78	-0.82
法国	1.46	1.54	1.5	1.43
菲律宾	-0.56	-0.54	-0.51	-0.55
哈萨克斯坦	-0.64	-0.62	-0.63	-0.66
韩国	0.98	0.99	1.01	0.97
荷兰	1.81	1.81	1.82	1.84
加拿大	1.79	1.79	1.76	1.75
柬埔寨	-1.09	-1.09	-1.03	-0.97
老挝	-1	-0.92	-0.95	-0.83
马来西亚	0.48	0.52	0.52	0.51
美国	1.55	1.6	1.6	1.6

续表

年份\国家	2010	2011	2012	2013
蒙古	-0.31	-0.42	-0.33	-0.38
缅甸	-1.47	-1.51	-1.42	-1.35
墨西哥	-0.59	-0.57	-0.49	-0.56
南非	0.09	0.1	0.1	0.08
尼日利亚	-1.2	-1.21	-1.25	-1.18
日本	1.29	1.31	1.27	1.32
苏丹	-1.26	-1.32	-1.26	-1.21
泰国	-0.23	-0.21	-0.24	-0.17
土耳其	0.09	0.11	0.08	0.04
委内瑞拉	-1.59	-1.64	-1.63	-1.69
新加坡	1.62	1.69	1.69	1.77
新西兰	1.93	1.86	1.91	1.88
伊朗	-0.89	-0.92	-0.9	-0.9
意大利	0.36	0.38	0.41	0.36
印度	0	-0.06	-0.08	-0.1
印度尼西亚	-0.6	-0.64	-0.66	-0.6
英国	1.74	1.77	1.67	1.69
越南	-0.45	-0.5	-0.46	-0.5
赞比亚	-0.46	-0.47	-0.47	-0.4

表2-34　　　　　　　　外部冲突

年份\国家	2007	2008	2009	2010	2011	2012	2013
阿根廷	9.5	9.5	9.5	9.5	9.5	9.5	9.5
安哥拉	11	11	11	11	11	11	11
澳大利亚	9.5	9.5	10	10	11	11	11
巴基斯坦	8.5	8.5	8.5	8.5	8.5	8.5	8.5
巴西	10.5	10.5	10.5	10.5	10.5	10.5	10.5
德国	10.5	10.5	10.5	10.5	10.5	10.5	10.5

续表

年份 国家	2007	2008	2009	2010	2011	2012	2013
俄罗斯	8.5	7	9	9	9	9	9
法国	10	10	10	10	10	10	10
菲律宾	11	11	11	11	11	11	11
哈萨克斯坦	11	11	11	11	11	11	11
韩国	9	8.5	8.5	7.5	8	8	8
荷兰	12	12	12	12	12	12	12
加拿大	11	11	11	11	11	11	11
柬埔寨	N/A	N/A	N/A	N/A	N/A	N/A	N/A
老挝	N/A	N/A	N/A	N/A	N/A	N/A	N/A
马来西亚	10	10.5	10.5	10.5	10.5	10.5	10.5
美国	7	9.5	10	9.5	10.5	10.5	10.5
蒙古	11.5	11.5	11.5	11.5	11.5	11.5	11.5
缅甸	8.5	8	8	8	8	9.5	9.5
墨西哥	11	11	11	10.5	10.5	10.5	10.5
南非	10.5	10.5	10.5	10.5	10.5	10.5	10.5
尼日利亚	9.5	9.5	9.5	9.5	9.5	9.5	9.5
日本	9.5	9.5	9.5	9	9	9	9
苏丹	9	9	9	8.5	7.5	7	7
泰国	10	9.5	9	9	9	9	9
土耳其	7.5	7.5	7.5	7.5	7.5	7.5	7.5
委内瑞拉	8	8	8	8.5	8.5	8.5	8.5
新加坡	10.5	10.5	10.5	10.5	10.5	10.5	10.5
新西兰	10.5	10.5	10.5	10.5	10.5	10.5	10.5
伊朗	6	6	6	6	5.5	5.5	5.5
意大利	11	11	11	11	11	11	11
印度	10	10	9.5	9.5	9.5	9.5	9.5
印度尼西亚	10.5	10.5	10.5	10.5	10.5	10.5	10.5

续表

年份 国家	2007	2008	2009	2010	2011	2012	2013
英国	7	6.5	6.5	8.5	9.5	9.5	9.5
越南	11.5	11.5	11.5	11.5	11.5	11.5	11.5
赞比亚	10	10	10	10	10.5	10.5	10.5

表2-35　　　　　　　　是否签订 BIT①

阿根廷	1
安哥拉	0
澳大利亚	1
巴基斯坦	1
巴西	0
德国	1
俄罗斯	1
法国	1
菲律宾	1
哈萨克斯坦	1
韩国	1
荷兰	1
加拿大	0.5
柬埔寨	1
老挝	1
马来西亚	1
美国	0.5
蒙古	1
缅甸	1
墨西哥	1
南非	1

① 1代表已签订且生效；0.5代表已签订未生效；0代表未签订。

续表

尼日利亚	1
日本	1
苏丹	1
泰国	1
土耳其	1
委内瑞拉	0.5
新加坡	1
新西兰	1
伊朗	1
意大利	1
印度	1
印度尼西亚	1
英国	1
越南	1
赞比亚	0.5

表2-36   **投资受阻程度**

阿根廷	0.7
安哥拉	0.8
澳大利亚	0.5
巴基斯坦	0.8
巴西	0.7
德国	0.8
俄罗斯	0.7
法国	0.6
菲律宾	0.7
哈萨克斯坦	0.8
韩国	0.8
荷兰	0.8
加拿大	0.5

续表

柬埔寨	0.7
老挝	0.7
马来西亚	0.7
美国	0.5
蒙古	0.3
缅甸	0.5
墨西哥	0.8
南非	0.7
尼日利亚	0.7
日本	0.7
苏丹	0.7
泰国	0.7
土耳其	0.8
委内瑞拉	0.8
新加坡	0.8
新西兰	0.7
伊朗	0.8
意大利	0.8
印度	0.6
印度尼西亚	0.7
英国	0.6
越南	0.6
赞比亚	0.7

表2-37　　　　　　双边政治关系

阿根廷	0.6083
安哥拉	0.6167
澳大利亚	0.6035
巴基斯坦	0.8633

巴西	0. 6833
德国	0. 7500
俄罗斯	0. 7908
法国	0. 6775
菲律宾	0. 3500
哈萨克斯坦	0. 6917
韩国	0. 7110
荷兰	0. 6250
加拿大	0. 5750
柬埔寨	0. 8083
老挝	0. 7333
马来西亚	0. 6167
美国	0. 5178
蒙古	0. 6083
缅甸	0. 6083
墨西哥	0. 5833
南非	0. 7417
尼日利亚	0. 6500
日本	0. 3960
苏丹	0. 7167
泰国	0. 6750
土耳其	0. 5833
委内瑞拉	0. 7083
新加坡	0. 6833
新西兰	0. 6500
伊朗	0. 5917
意大利	0. 6500
印度	0. 5681
印度尼西亚	0. 6547

续表

英国	0.6042
越南	0.5279
赞比亚	0.5917

表2-38　　　　　　　　　　贸易依存度

阿根廷	0.2277
安哥拉	0.6680
澳大利亚	0.4789
巴基斯坦	0.4099
巴西	0.3154
德国	0.1014
俄罗斯	0.1798
法国	0.0701
菲律宾	0.5071
哈萨克斯坦	0.4197
韩国	0.4743
荷兰	0.1144
加拿大	0.1046
柬埔寨	0.4607
老挝	0.7032
马来西亚	0.4772
美国	0.2268
蒙古	1.0000
缅甸	0.8000
墨西哥	0.1056
南非	0.6196
尼日利亚	0.2827
日本	0.3648
苏丹	0.6301

泰国	0.2779
土耳其	0.1007
委内瑞拉	0.2211
新加坡	0.1556
新西兰	0.2535
伊朗	0.4393
意大利	0.0778
印度	0.1429
印度尼西亚	0.3451
英国	0.0931
越南	0.5327
赞比亚	0.3782

表 2 - 39 　　　　　　　　　**投资依存度**

阿根廷	0.1968
安哥拉	1.0000
澳大利亚	0.6528
巴基斯坦	1.0000
巴西	0.0588
德国	0.1257
俄罗斯	0.2876
法国	0.1280
菲律宾	0.2524
哈萨克斯坦	0.7328
韩国	0.1682
荷兰	0.1123
加拿大	0.2220
柬埔寨	1.0000
老挝	1.0000

续表

马来西亚	0.1605
美国	0.4522
蒙古	1.0000
缅甸	1.0000
墨西哥	0.0194
南非	0.4349
尼日利亚	0.3344
日本	0.1600
苏丹	0.6103
泰国	0.1956
土耳其	0.0615
委内瑞拉	0.5209
新加坡	0.4693
新西兰	0.0826
伊朗	0.8371
意大利	0.0281
印度	0.1665
印度尼西亚	0.3133
英国	0.2995
越南	0.3386
赞比亚	1.0000

表 2 – 40　　　　　　　　　目标国对中国免签情况

阿根廷	0
安哥拉	0
澳大利亚	0.5
巴基斯坦	1

续表

巴西	0
德国	0.5
俄罗斯	0.5
法国	0
菲律宾	0.5
哈萨克斯坦	1
韩国	0.5
荷兰	0
加拿大	0.5
柬埔寨	1
老挝	1
马来西亚	1
美国	0
蒙古	0
缅甸	1
墨西哥	0.5
南非	0
尼日利亚	0
日本	0.5
苏丹	0
泰国	1
土耳其	0.5
委内瑞拉	0.5
新加坡	0.5
新西兰	0.5
伊朗	1
意大利	0

续表

印度	0
印度尼西亚	1
英国	0.5
越南	1
赞比亚	0

中　篇

2014 年中国对外投资季度报告

"走出去"减速，采矿业"失宠"

——2014 年上半年中国对外投资报告之直接投资部分

王碧珺[①]

摘　　要

2014 年上半年，中国海外直接投资整体降幅明显。其背后的原因是多方面的：一是国内经济下滑风险加大和人民币持续贬值制约了企业海外投资的资金实力；二是民营企业渐成投资生力军，其投资规模普遍更小；三是多年海外投资高速增长后，企业变得更加理性。此外，面临国内经济转型升级的大背景，以及此前资源类投资有诸多失败和教训，投资风险凸显，平均投资规模更大的资源行业吸引力下降，制造业成为最受青睐的行业。

---

① 本报告是中国社会科学院世界经济与政治研究所国际投资研究室的集体研究成果之一。执笔人为王碧珺，参加讨论的人员包括姚枝仲、张明、王永中、张金杰、李国学、韩冰、潘圆圆、王碧珺、高蓓、陈博、刘洁等。

一　2014 年上半年中国海外直接投资降幅明显

2014 年上半年中国海外直接投资整体降幅明显（见表 1）。根据商务部数据，2014 年 1—5 月，中国境内投资者共对全球 146 个国家和地区的 2766 家境外企业进行了直接投资，累计实现非金融类对外直接投资 308.1 亿美元，同比下降了 10.2%。金融类对外直接投资同样降幅明显。根据外管局数据，2014 年第一季度，中国金融类对外直接投资 12.37 亿美元，同比大幅下降了 48.7%。

表 1　　　　　　　　　　中国海外投资规模　　　　　　　　单位：亿美元

非金融类对外直接投资	2014 年 1—5 月 308.1	2013 年 1—5 月 343	同比 -10.2%
金融类对外直接投资	2014 年第一季度 12.37	2013 年第一季度 24.1	-48.7%
中国企业海外并购	2014 年 1—6 月 163.76	2013 年 1—6 月 178.9	-7.2%

资料来源：非金融类对外直接投资数据来源于商务部的网站披露；金融类对外直接投资数据来源于外管局的网站披露。中国企业海外并购 2013 年 1—5 月数据来源于清科研究中心发布的《2013 年第二季度中国并购市场研究报告》；2014 年 1—5 月数据来源于 BVD – ZEPHYR《全球并购交易分析库》与 IIS。

兼并收购是中国海外直接投资的重要形式，与上年同期相比同样有所下降。根据 BVD – ZEPHYR《全球并购交易分析库》与 IIS，2014 年上半年中国完成海外兼并收购 166.07 亿美元，同比下降了 7.2%。此外，同期中国企业另有 157.75 亿美元海外兼并收购意向（已宣布，尚未完成）。

中国对外直接投资同比下降的原因是多方面的：

一是国内经济下滑风险加大和人民币持续贬值制约了企业海

外投资的资金实力。2014 年上半年发达经济体保持了 2013 年以来的复苏势头，更强劲的外需环境对国内的经济增长是利好因素，但内部经济结构问题却制约了国内实际的增长。考虑到前 5 个月经济的持续放缓，特别是投资增速的持续回落，国内经济下滑风险仍在加大。同时，人民币兑美元汇率中间价在 2014 年 1 月中旬突破 6.10 关口后，随即掉头向下。几个月的持续贬值，使得人民币兑美元汇率中间价在 2014 年 6 月初跌破 6.17。从 1 月初到 6 月初人民币兑美元中间价贬值 1.12%，即期价贬值 3.55%，人民币实际有效汇率指数也在走弱。国内经济下滑风险加大和人民币持续贬值制约了企业海外投资的资金实力。

二是民营企业渐成投资生力军，其投资规模普遍更小。国有企业在中国对外直接投资中的确扮演着重要角色，但其相对重要性正在下降。相对于民营企业，国有企业在海外扩张过程中能够获得更多的资金支持，较少关注盈利性，并且承担了部分实现国家战略目标的责任。而民营企业由于受制于资金约束以及较少委托代理问题，在海外投资上更为经济、谨慎，投资规模普遍更小。

三是多年海外投资高速增长后，企业变得更加理性。从 2004 年开始，中国对外直接投资增长显著。从 2003 年到 2012 年间，流量意义上，中国对外直接投资从 28.5 亿美元增加到 878 亿美元，占全球比重从 0.45% 上升到 6.3%；存量意义上，中国对外直接投资从 299 亿美元增加到 5319.4 亿美元，占全球比重从 0.48% 上升到 2.3%。2012 年，中国首次成为继美国、日本之后的全球第三大对外直接投资者。这十年来，中国对外直接投资流量年均增速达到 41.6%。十年海外投资高速增长的背后，积累了一系列未被消化的项目以及部分失败的经验教训，成为对外投资主体的企业和个人变得更加理性，对外投资也可能进入调整阶段。

此外，平均投资规模更大的资源行业吸引力下降，也使得整体海外直接投资出现调整，下一部分将详述。

二　资源行业"走出去"势能下降，制造业超过采矿业成为最受青睐的行业

　　一直以来，中国对外投资的首要对象是原材料、自然资源和能源等资源领域。根据《2012年度中国对外直接投资统计公报》，2012年中国对外采矿业直接投资135.4亿美元，是仅次于租赁和商务服务业的第二大行业，占比达到15.4%。而根据BVD-ZEPHYR《全球并购交易分析库》与IIS，2013年全年中国海外采矿业直接投资371.88亿美元，为对外直接投资的第一大行业。

　　然而到了2014年上半年，资源行业"走出去"势能下降，海外制造业投资超过了海外采矿业投资（见图1和图2）。2014年上半年，中国企业海外采矿业兼并收购19起共86.16亿美元，占同期中国企业海外兼并收购额的26.61%。而制造业海外兼并收购59起共104.51亿美元，占同期中国企业海外兼并收购额的32.27%，项目数的30.10%，是中国企业海外兼并收购第一大行业。

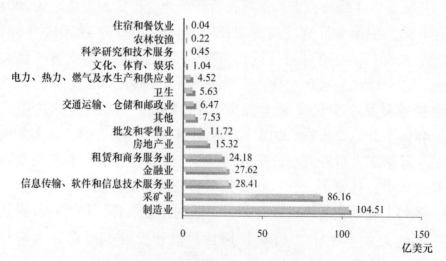

图1　2014年上半年中国跨境兼并收购行业分布（投资额）
资料来源：BVD-ZEPHYR《全球并购交易分析库》与IIS。

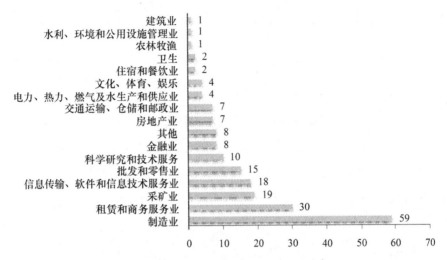

图2　2014年上半年中国跨境兼并收购行业分布（项目数）

资料来源：BVD－ZEPHYR《全球并购交易分析库》与 IIS。

资源行业"走出去"势能下降是多方面因素造成的：

一是国内经济转型升级的大背景。一直以来资源需求在中国企业海外投资中占据半壁江山，这尤其反映在海外矿业投资以满足国内制造业企业的原材料供应需求，例如宝钢、武钢、首钢、沙钢、鞍钢、中钢、华菱钢铁等在澳大利亚都有铁矿石投资项目。但随着国内相关行业的产能过剩和经济转型，铜、铁、铝等生产型海外矿业资源投资吸引力下降。此外，2009年以来，国内成品油供需已连续五年出现明显的产量大于需求量，炼油行业产能过剩的程度比钢铁还严重。因此，海外油气类商业投资的吸引力同样下降。

二是此前资源类投资有诸多失败和教训，投资风险凸显。仅在2014年上半年，中石化子公司 Addax Petroleum 至少支付了4亿美元，用于结束与加蓬政府之间的开采纠纷；中国铝业在秘鲁的一处铜矿被暂停；伊朗政府将取消与中国石油天然气集团公司为开发一处面积庞大的伊朗油田而签订的25亿美元协议。海外资源类投资风险凸显再加上国内经济转型升级的大背景，使得资源行业"走出去"势能下降。

三　适应互联网经济，信息产业
海外投资势头强劲

　　与制造业相得益彰的是中国企业在"信息传输、软件和信息技术服务业"海外投资增长迅速。2014年上半年，中国企业海外"信息传输、软件和信息技术服务业"兼并收购18起共28.41亿美元，比2013年全年的14.06亿美元增长了102%。中国企业海外"信息传输、软件和信息技术服务业"2014年上半年兼并收购占同期中国企业海外兼并收购额的8.77%，项目数的9.18%，成为仅次于制造业和采矿业的中国企业海外投资重要目标行业。

表2　　　中国海外"信息传输、软件和信息技术服务业"

投资地区分布　　　　　　　　单位：亿美元

	投资额	数量	投资额比重（%）	项目数比重（%）
北美洲	23.42	9	82.44	52.94
其中：百慕大	0.15	2		
加拿大	0.02	1		
美国	23.25	6		
亚洲	4.99	8	17.56	47.06
其中：吉尔吉斯斯坦	0.54	3		
香港地区	1.85	3		
新加坡	2.6	1		

　　资料来源：BVD－ZEPHYR《全球并购交易分析库》与IIS。

　　中国企业在"信息传输、软件和信息技术服务业"海外投资流向何地？绝大多数（82.44%）投向了该行业发展较好的北美洲（主要是美国）以及亚洲（主要是香港地区和新加坡），同时还有3个项目在吉尔吉斯斯坦，用于开拓当地市场（见表2）。这一趋势反映出中国企业适应互联网经济发展，加大了海外在线业务的投资和开拓。通过在线平台，实现在医药、旅游、传媒等行业开展营销、联通、支付和物流等业务。

四　亚洲、欧洲和北美洲成为海外投资"三驾马车"，非洲和大洋洲吸引力下降

亚洲、欧洲和北美洲是中国企业海外投资的"三驾马车"。2014年上半年，中国企业在这三个区域的并购分别达到80.34亿美元、74.22亿美元和73.18亿美元，这三个区域吸纳了同期中国海外兼并收购总投资额的70%、总项目数的84%（见图3）。

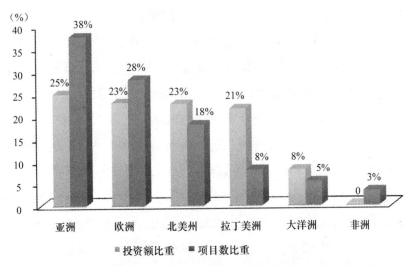

图3　2014年上半年中国跨境兼并收购区域分布

资料来源：BVD–ZEPHYR《全球并购交易分析库》与IIS。

在亚洲的投资主要集中在香港地区、以色列和吉尔吉斯斯坦。2014年上半年，国内企业在香港实现兼并收购32起共29.36亿美元，香港成为同期中国海外投资额第三大目的地、投资项目数第一大目的地（见表3）。香港独特的自由港、国际金融中心以及内地与世界之间的"窗口"角色使得内地企业在香港的主要投资领域为金融业、批发和零售业以及租赁和商务服务业。以色列虽然同期仅吸引了三个中国海外兼并收购项目，但由于光明收购以色列最大乳制品企业Tnuva 56%股权交易金额巨大（约25亿美元），使得以色列成为继香港后中国海外投资额第四大目的地。亚洲地区除香港和以色列外，吉尔吉斯斯坦也是重要的投资目的地。其吸纳了15个中国海外兼并收购项目，总金额达到11.51亿美元，涉及的行业较为广泛，包括采矿业、科学研究和技术服务业、信息传输、软件和信息技术服务业、制造业以及租赁和商务服务业等。

仅次于亚洲的第二大吸引地在欧洲。2014年上半年，中国企业在欧洲兼并收购74.22亿美元，占同期总投资额的23%、项目数的28%。在欧洲的投资主要集中在英国、荷兰、意大利和德国，以制造业投资为主，房地产业、金融业、批发和零售业以及租赁和商务服务业也是具有吸引力的投资对象。随着欧洲经济触底回升，中国企业对欧洲的投资兴趣将持续浓厚。

与欧洲并驾，中国企业海外投资的第三驾马车驶向了北美。2014年上半年，中国企业在北美洲兼并收购73.13亿美元，占同期总投资额的23%、项目数的18%。中国企业在北美投资的绝大部分（约94%）流向了美国。实际上，美国是同期中国企业海外兼并收购的第一大目的地，吸引了26个投资项目共计68.79亿美元投资额。主要标的包括医药、手机、生物技术、电动车等制造业，以及信息传输、软件和信息技术服务业和文化娱乐业。

表3　　　　　2014 年上半年中国十大跨境兼并收购目的地

单位：亿美元

		投资额	数量
1	美国	68.79	26
2	秘鲁	58.5	1
3	中国香港地区	29.36	32
4	以色列	26.01	3
5	英国	25.83	5
6	澳大利亚	25.76	8
7	荷兰	16.62	8
8	意大利	13.86	6
9	吉尔吉斯斯坦	11.51	15
10	维京群岛	10.82	9

资料来源：BVD – ZEPHYR《全球并购交易分析库》与 IIS。

与亚洲、欧洲和北美洲这中国企业海外投资的"三驾马车"相比，非洲和大洋洲对中国企业的吸引力有所下降。2014 年上半年，中国企业在大洋洲的并购项目共 10 起总金额 25.76 亿美元，在非洲的并购项目共 6 起总金额仅为 0.77 亿美元，这两个区域共吸纳了同期中国海外兼并收购总投资额的 8%、总项目数的 8%。非洲和大洋洲对中国企业的吸引力下降主要反映采矿业海外投资的热度下降。

五　2014 年上半年前十大海外兼并收购项目

根据投资规模排序，本文总结了 2014 年上半年中国海外兼并收购前十大交易（见表 4）。其中，最大一笔交易是五矿资源财团（五矿资源占 62.5% 的股份，国新国际投资有限公司占 22.5%，中信金属占 15%）投资 58.5 亿美元收购秘鲁的拉斯邦巴斯铜矿，该铜矿项目 2015 年年底将成为全球第三大铜矿项目，仅次于智利的艾斯孔迪达项目（Escondida）和秘鲁的绿山项目（Cerro Verde）。

联想 2014 年上半年海外兼并收购活跃。其收购摩托罗拉移动和 IBM 低端服务器业务两笔交易投资金额分别达到 29 亿美元和 23 亿美元，成为同期中国海外兼并收购第二和第四大交易。通过这两笔交易联想智能手机业务在北美和拉丁美洲的市场表现将会更加强劲，并在西欧市场奠定基础，还会给联想集团带来更高的总体利润。

此外，中粮集团斥资 12.1 亿美元收购荷兰知名农产品及大宗商品贸易集团 Nidera 51% 的股权，双方建立战略合作关系。这是迄今为止中国粮油行业最大规模的一次国际并购。

在前十大交易中，资源行业不再是绝对主体①。制造业有三笔交易入围，总投资额达到 66.1 亿美元，占前十大交易总投资额的 32.3%。此外，信息传输、软件和信息技术服务业、金融业、房地产业以及批发和零售业也各自有项目进入前十大海外兼并收购中，显示出中国企业海外投资呈现更多元化的行业布局。

表4　　　　2014 年上半年中国前十大跨境兼并收购

	中国企业	海外投资对象	投资国/地区	金额（亿美元）	行业	持股比例（%）
1	五矿资源财团	拉斯邦巴斯铜矿	秘鲁	58.5	采矿业	100
2	联想	摩托罗拉移动	美国	29.0	制造业	100

① 在 2013 年的前十大交易中，资源行业总投资额达到 330 亿美元，占前十大交易总投资额的 72.2%。

续表

	中国企业	海外投资对象	投资国/地区	金额（亿美元）	行业	持股比例（%）
3	光明	Tnuva	以色列	25.0	制造业	56
4	联想	IBM 低端服务器业务	美国	23.0	信息传输、软件和信息技术服务业	100
5	越秀	香港创兴银行	香港	15.0	银行	75
6	宝钢	Aquila Resources	澳大利亚	14.0	采矿业	85
7	中粮	荷兰粮食交易商 Nidera	荷兰	12.1	制造业	51
8	中石化	AUSTRALIA PACIFIC LNG PTY LTD	澳大利亚	10.0	采矿业	10
9	绿地集团	英国伦敦西南部的一处啤酒厂地块	英国	10.0	房地产业	100
10	南京新街口百货	英国最老牌百货公司 House of Fraser	英国	8.0	批发和零售业	89

资料来源：BVD – ZEPHYR《全球并购交易分析库》与 IIS。

六 政策前瞻

1. 墨西哥开放石油投资带来美洲连锁投资机会，加拿大取消投资移民项目削弱房地产吸引力

2013 年年底，墨西哥通过了向民间投资开放石油和天然气行业的议案，这是墨西哥自 1938 年以来首次向民间资本开放油气产业。通过这一轮改革，到 2025 年该国的石油产量将从现在的每天 250 万桶提高到每天 350 万桶，天然气产量翻一番，达到每

天 104 亿立方英尺。而墨西哥这一对外开放投资改革，将迫使加拿大、委内瑞拉、巴西等美洲其他地区政府为吸引开发资金而竞争，给中国投资者带来更多的石油业投资机会。然而，加拿大于 2014 年 2 月份取消了深受中国人欢迎的允许富人购买永久居留权的投资移民项目，目的是限制中国移民及投资进入加拿大，这将对加拿大房地产行业投资带来不利影响。

2. 商务部抓紧修订《境外投资管理办法》，落实对境外投资实行以备案制为主的管理方式

2013 年 12 月，国务院发布了《政府核准的投资项目目录（2013 年本）》：中方投资 10 亿美元及以上项目，涉及敏感国家和地区、敏感行业的项目，由国务院投资主管部门核准；前款规定之外的中央管理企业投资项目和地方企业投资 3 亿美元及以上项目报国务院投资主管部门备案。由核准制改为备案制无疑是对有海外投资意向的中国企业的重大利好。有利于降低企业的海外投资成本和面临的政策不确定性，增加投资效率和避免错失投资机会。商务部正在抓紧修订《境外投资管理办法》，以落实境外投资实行以备案制为主的管理方式改革的实施细则。

3. 推进中欧、中美 BIT 谈判和中澳 FTA 谈判，扫清海外投资政策障碍

2014 年 1 月、3 月和 6 月，中欧进行了首三轮双边投资协定（BIT）谈判。主要就谈判的安排、可能涉及议题等展开磋商，并就投资协定的概念性问题交换了意见，取得的实质进展并不多。与 2008 年就已经启动的中美 BIT 谈判相比，中欧的磋商还处于起步阶段。但有了中美 BIT 谈判的基础和相互作用，中欧 BIT 谈判的耗时有望少于中美。

而就中美 BIT 谈判进展来看，2014 年 6 月 9 日至 13 日双方已经进行了第 13 轮谈判，并就文本的核心问题进行了深入磋商。中美两国目前谈判中所遗留的问题均相当棘手，其中包括："负面清单"中应包括哪些领域，哪些不适用于通用的非歧视性原

则，如何在州省级推进双边投资协定，如何建立争端解决机制等。7月1日，上海自贸区发布了2014年版负面清单。这一新版负面清单的公布可能会为中美BIT谈判提供参考。但谈判要想进一步取得突破性进展并达成协议需要中美双方更多的决心和让步。2014年7月召开的中美战略和经济对话是一个契机。

除了双边投资协定外，自由贸易协定（FTA）下的许多条款也涉及投资内容。中澳FTA谈判已经进行了八年多时间，但自去年9月自由党—国家党联盟上台以来，澳大利亚新总理托尼·阿博特已经与韩国签署了自贸协定，即将与日本签署自贸协定，并力图推进中澳FTA进程。澳大利亚贸易部长安德鲁·罗布（Andrew Robb）之前在北京表示，两国将最迟于2014年年底签署中澳FTA。

日元投资失利大幅减持
欧元投资比重显著上升

——2014 年上半年中国对外投资报告之证券投资部分

王永中[①]

摘　　要

2013 年，中国外汇储备币种多元化进程继续推进，美元资产的比重持续小幅下降，日元资产的比重大幅下跌，欧元等其他货币资产的比重显著上升。2012 年 7 月至 2013 年 6 月，中国在总量上增持美国证券资产的同时，显著加大了对股票等风险性资产的投资力度，美国国债的投资比重稳定下降。国家外汇管理局已成为"全球最大公共部门股票持有者"，对欧元区的股票资产表现出浓厚的投资兴趣。日元汇率的大幅贬值，导致中国对日证券资产投资遭受了严重损失。根据我们的粗略估计，2010—2012 年，中国购入的日元证券资产的美元价值损失 462 亿美元；

---

①　本报告是中国社会科学院世界经济与政治研究所国际投资研究室的集体研究成果之一。执笔人为王永中，参加讨论的人员包括姚枝仲、张明、王永中、张金杰、李国学、韩冰、潘圆圆、王碧珺、高蓓、陈博、刘洁等。

2010—2013 年，中国投资日元资产共损失 430 亿美元。

一　中国投资美元证券资产状况

　　中国持有的美国证券资产继续维持信用等级高、期限长的特征。根据美国财政部 2014 年 4 月发布的年度数据（见表 1），截至 2013 年 6 月底，中国持有的美国证券资产的规模达 17348 亿美元，其中，美国国债 12767 亿美元，机构债券 1742 亿美元，股票 2605 亿美元，企业债券 235 亿美元。中国持有的美国证券资产仍继续呈现出两个基本特征：一是信用等级高。中国持有 AAA 信用等级的美国国债和机构债券的价值高达 14509 亿美元，占证券持有总额的 83.6%，而股票、企业债券等高收益的资产的比例仅分别为 15.0%、1.4%。二是期限长。中国持有的美国长期债券资产规模达 14695 亿美元，占持有的美元资产总量的 84.7%，而短期美国国债的比重不到 0.3%。这一期限结构使得中国持有的美元证券资产特别易遭受美国通货膨胀风险和利率风险的不利冲击。在证券资产的期限结构配置问题上，中国面临着追求投资收益与防范利率（通货膨胀）风险的两难选择。若中国增持短期债券品种，虽然可降低物价、利率波动对证券市场价值所产生的不利影响，但短期债券的收益率极低，几乎为零。

　　2012 年 7 月至 2013 年 6 月，中国在总量上增持美国证券资产的同时，显著加大了对股票等风险性资产的投资力度。相比较于 2012 年同期，中国在 2013 年 6 月底对美国证券资产、国债、股票和企业债券的投资规模分别增长了 1427 亿美元、1298 亿美元、396 亿美元和 17 亿美元，增长的比例分别为 9.0%、11.3%、17.9% 和 7.8%，而对机构债的投资规模减少了 284 亿美元，下降的幅度为 14.0%。中国之所以较大幅度增持股票等风险性资产，应与美国经济复苏势头稳定，美国股票市场的强劲反弹密切相关。同时，中国在美国银行系统的存款规模有所下降，由前期的 577 亿美元下降至后期的 384 亿美元。

表 1　　　　　中国持有美国金融资产的种类及规模　　　单位：亿美元

日期 （月末）	存款	证券	股票	长期债券			短期债券		
				国债	机构债	公司债	国债	机构债	公司债
2008.06	258	12050	1000	5220	5270	260	130	170	0
2009.06	302	14640	780	7570	4540	150	1590	0	10
2010.06	224	16109	1270	11080	3600	110	40	1	8
2011.06	298	17272	1590	13020	2450	160	49	0	3
2012.06	577	15922	2209	11385	2024	218	84	2	0
2013.06	384	17349	2605	12721	1740	234	46	2	1
2013.12	463	18037	3050	12642	2041	243	58	0	3
2014.01	437	18036	2957	12722	2078	244	34	0	1
2014.02	473	18202	3113	12709	2111	245	20	0	4
2014.03	748	18163	3127	12702	2065	244	19	0	6
2014.04	837			12606			26		

资料来源：美国财政部。

注：各年度 6 月末的数据为年度调查数据，2013 年 12 月末和 2014 年 3 月末的数据为月度数据。相比较于年度数据，月度数据存在较明显的"托管偏误"问题，低估了中国持有美国证券资产的规模。

根据美国财政部发布的月度数据，2014 年 3 月，中国持有美国证券资产规模为 18163 亿美元，其中，美国国债 12721 亿美元，机构债券 2065 亿美元，股票 3127 亿美元，分别占 70.0%、11.4%、17.2%；长期债券资产规模达 15011 亿美元，占82.6%。与 2014 年 2 月末的水平相比，中国在今年 3 月份减持了 39 亿美元的美国证券资产，其中，美国国债、机构债券的减持量分别为 8 亿美元、46 亿美元，但增持了 14 亿美元的企业股票资产。

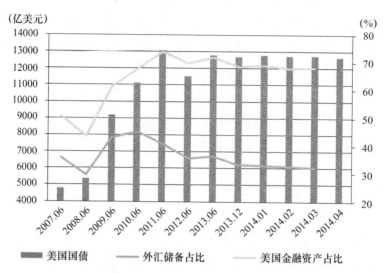

（亿美元）

（%）

图1 中国购买的美国国债规模及其占中国持有的外汇储备、
美国金融资产的比例

资料来源：美国财政部。

如图1所示，中国对美国国债的投资规模在2012年7月至
2013年6月出现了快速增长，随后稳定在1.27万亿美元的水平
上，呈微幅震荡的态势。在此期间，由于中国外汇储备的规模一
直处于稳定增长的状况，中国持有的美国国债占中国外汇储备比
例呈稳定下降的态势。这一比例先由2012年6月末的35.6%升
至2013年6月末的36.5%，后稳定降至2013年底的33.2%和
2014年3月末的32.2%。在2012年7月至2013年6月，中国持
有的美国国债占美国金融资产的比例出现明显上升，由前期的
69.9%升至后期的72.0%。但此后，美国国债占美国金融资产的
比例大体呈下降的趋势，并降至2014年3月末的68.4%。不过，
由于近来中国投资美元资产的绝对规模的增长速度缓慢，中国购
买的美国国债占中国投资的美元资产的比例的下降速度明显低于
其相对于中国外汇储备的比例。

中国外汇储备币种多元化进程继续推进，美元资产的比重持
续小幅下降。如图2显示，2011年6月底以来，中国持有美元资

产规模占外汇储备的比重呈稳步下降的态势。2012 年 6 月末至
2013 年 6 月末，中国持有的美元资产的比重约微降 0.2 个百分
点，由前期的 50.9% 降至后期的 50.7%。在 2013 年下半年，美
元资产的比重下降速度较快，跌了 2.3 个百分点。2014 年第一季
度，中国外汇储备币种多元化的推进速度趋于缓和，美元资产的
比重由 2013 年年末的 48.4% 降至 2014 年 3 月末的 47.1%。

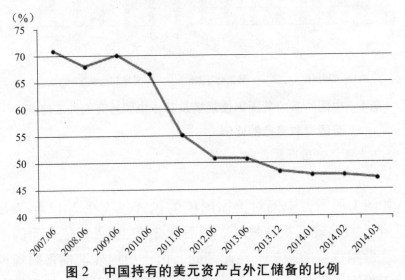

图 2　中国持有的美元资产占外汇储备的比例

资料来源：美国财政部、中国人民银行。

　　中国是美国证券资产市场最大的外国投资者，且中国的最大
海外投资者地位有所巩固（见图 3）。2012 年 6 月末以来，中国
对美国证券投资占外国对美证券投资的比重总体上呈小幅上升的
势头。2013 年 6 月末，中国持有的美国证券资产规模占外国投资
者投资总量的 12.0%。其中，美国国债的持有比例最高，达
21.6%，机构债其次，占 19.9%，股票的比例为 5.2%，企业债
的份额仅为 0.8%。2014 年 3 月，中国购买的美国证券、国债、
机构债券和股票的份额分别升至 12.4%、22.4%、21.2% 和
6.2%，而公司债的投资比例仍维持在 0.8% 的水平上。

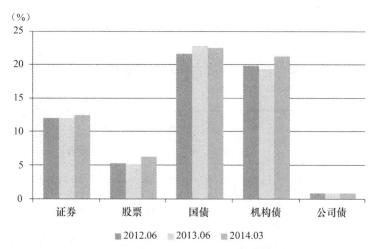

图3　中国持有的美国证券资产占外国投资者持有量的比例

资料来源：美国财政部。

二　中国投资日元证券资产状况

　　鉴于日元大幅下跌、中日政治关系严重恶化，2013 年中国对日本证券投资的规模大幅下跌。2013 年年底，中国持有 17.54 万亿日元的日本证券资产，相比较于 2012 年年末的水平大幅下跌 28.8%。其中，债券（基本为政府债券）持有规模为 14.34 万亿日元，占 81.8%，股票投资量为 3.20 万亿日元，占 18.2%（见表 2）。若按美元计价，2013 年年底，中国持有日元证券资产的规模为 1695 亿美元，比 2012 年的水平急剧下跌了 42.4%。其中，政府债券为 1386 亿美元，下跌 43.3%，股票投资量为 309 亿美元，下跌了 37.6%（见表 3）。

　　中国持有短期日元资产的比重显著高于美元资产，且日元资产的短期化有增强的趋势。2013 年底，中国持有日本股票和中长期国债的规模为 6.80 万亿日元，占持有的日元资产的比重为 38.8%，比去年同期下跌 4.9 个百分点，而持有短期日本国债的规模为 10.74 万亿日元，其比重达 61.2%，比去年同期上升 4.9

个百分点。

表 2　　　　中国持有日本证券资产的种类及规模（年末）

单位：万亿日元

年份	合计	股票	债券	中长期	短期
2006	2.93	0.59	2.34	2.10	0.24
2007	4.77	1.90	2.87	2.84	0.03
2008	4.73	1.45	3.28	3.28	0.00
2009	3.42	0.01	3.41	3.34	0.07
2010	13.84	3.35	10.49	4.09	6.40
2011	21.52	3.57	17.95	5.66	12.29
2012	24.64	4.15	20.49	6.60	13.89
2013	17.54	3.20	14.34	3.60	10.74

资料来源：Bank of Japan。

表 3　　　中国持有日本证券资产的种类及规模（年末）　　　单位：亿美元

年份	合计	股票	债券	中长期	短期
2006	250	50	200	179	21
2007	424	169	255	253	2
2008	519	159	360	359	1
2009	381	1	380	372	8
2010	1660	402	1258	490	768
2011	2767	459	2308	728	1580

续表

年份	合计	股票	债券	中长期	短期
2012	2941	495	2446	788	1658
2013	1695	309	1386	348	1038

资料来源：Bank of Japan。

注：按每年12月的日元兑美元汇率的月均值将日元计价折算成美元计价。

中国持有的日元证券资产占中国外汇储备的比例经历了2009—2011年的高速增长和2012年的低速增长之后，在2013年剧烈下降。图4显示，2013年，中国投资的日元证券资产占中国外汇储备的比例仅为4.4%，比2012年8.9%的水平下跌了4.5个百分点。

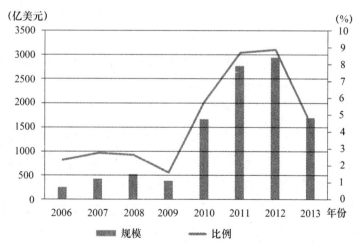

图4　中国持有日本证券资产的规模及其占中国外汇储备的比例

资料来源：Bank of Japan。

2013年，中国在日本证券市场的重要性显著下降，由2012年仅次于美国的第二大海外投资者，跌至位居美国、英国和卢森堡之后的第四大海外投资者。不过，中国仍是日本政府债券的第一大海外投资者。如图5显示，2013年，中国持有的各类型日本证券资产的规模占日本证券海外投资的比重全线下跌。中国持有的日本的证券、股票、政府债券的比重分别由2012年的13.7%、5.4%和19.6%，大幅下跌至2013年的7.0%、2.1%和14.2%。其中，日本的中长期政府债券、短期政府债券的投资比重分别由前期的12.4%、26.8%下降至7.0%、21.7%。

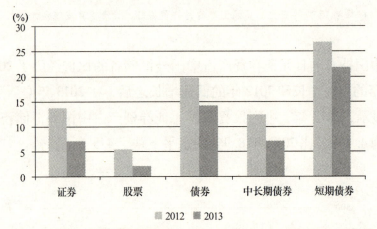

图5   2012—2013年中国持有的日本证券资产占外国持有总量的比重
资料来源：Bank of Japan。

日元汇率的大幅贬值，导致中国对日证券资产投资遭受了严重损失。中国对日证券投资的一个严重失误是投资时机选择不当，在日元汇率高涨时期大规模买进日元资产。如表4所示，中国大手笔增持日元证券资产的2010—2012年，正是日元汇率处于高点的时期。相比较于当时的水平，日元兑美元的汇率已下跌了14.0%—21.9%。2013年，中国大举抛售日元资产，不失为一项止损之举。这是因为，2014年6月的日元汇率相比较于2013年平均水平，又下跌了4.4%，从而，中国大举减持日元资产而减少了32亿美元的投资损失。根据我们的粗略估计，日元汇率大幅贬值，导致中国在2010—2012年购入的日元证券资产的美元价值损失了462亿美元；2010—2013年，中国投资日元资产共损失了 430 亿美元。

表4　　日元汇率波动对中国持有的日元资产的美元价值的影响

年份	净买入额 （万亿日元）	JPY/USD （年平均）	日元汇率 变动率（%）	净买入成本 （亿美元）	净买入现值 （亿美元）	交易浮亏额 （亿美元）
2010	10.41	87.75	−14.0	1186	1020	−166
2011	7.68	79.71	−21.9	963	753	−211
2012	3.12	79.81	−21.8	391	306	−85
2013	−7.1	97.56	−4.4	−728	−696	32
合计	14.11	/	/	1812	1383	−430

资料来源：IIS。

注：2014 年 6 月日元兑美元的平均汇率为 102.04JPY/USD；日元汇率变动率指购买日元资产时的日元兑美元的汇率水平（年平均汇率）与 2014 年 6 月的日元兑美元的平均汇率的比较；净买入日元资产的现值按 2014 年 6 月的日元兑美元的平均汇率折算。

三　中国对欧元等其他货币资产的投资状况

除美元、日元资产外，中国的外汇储备还投资欧元、英镑、澳元、瑞士法郎和新兴经济体的货币资产。显然，欧元资产是其中最为主要的部分。另外，其他货币资产中还包括外汇储备委托贷款。尽管外汇储备委托贷款很可能以美元计价，但本质上不属于投资于美国的美元资产，从而，我们将其计入非美元资产的范畴。国家外汇管理局早在 2010 年 5 月起就开始开展外汇储备委托贷款业务，并于 2012 年上半年设立外汇储备委托贷款办公室（SAFE Co‑Financing），目前的委托贷款规模约为 2500 亿美元，约占中国外汇储备的 6%—7%。同时，考虑中国还可通过伦敦、卢森堡等国际离岸金融中心投资美元证券资产，因此，我们可合理地推定，美国 TIC 数据将中国外汇储备对美证券投资比重低估了 5 个百分点。而且，美国 TIC 的年度数据的截止期限是 6 月末，而不是 12 月末，我们取两个相邻年度数据值的数学平均值为上一年度年末值。

　　如图 6 所示，2010 年以来，中国外汇储备对其他货币资产的投资明显提速，其他货币资产的投资比重由 2009 年的 25.1% 迅速增长至 2010 年的 28.3%，在 2011 年、2012 年继续升至 33.3%、35.3%，在 2013 年进一步攀升至 42.2% 的新高度。若剔除外汇储备委托贷款因素，其他货币资产占外汇储备的比重自 2007 年以来一直稳定上升，并从 2011 年以来呈现加速上升的势头。其他货币资产的投资比重由 2010 年 26.6% 大幅升至 2011 年的 30.1%，2012年稳定在 30.8%，2013 年快速升至 35.6%。

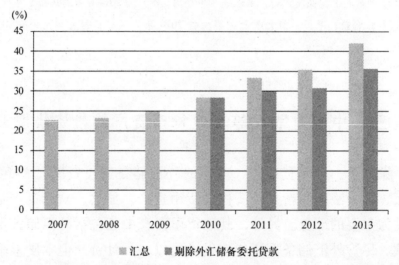

图 6　中国外汇储备对除美元、日元外其他货币资产的投资比例

资料来源：IIS。

　　注：综合可资利用的信息渠道，我们假定 2010—2013 年国家外汇管理局发放的外汇储备委托贷款的规模依次为 500 亿美元、1000 亿美元、1500 亿美元、2500 亿美元。

　　鉴于欧元资产是其他货币资产的最主要组成部分，因此，中国在 2013 年对欧元次资产的投资显著上升。当时，中国外汇储备之所以大幅增加对欧元资产的投资，主要出于三点战略考量：一是欧盟是中国最大的贸易伙伴，中欧之间的经济联系密切，维护欧洲经济的稳定有助于保证中国进出口贸易的稳定；二是欧元是全球第二大货币，维护欧元的稳定有助于制衡美元的垄断实力，为提升人民币的国际地位创造空间；三是在经历主权债务危机打击之后，欧元资产估值较低，欧元汇率相对处于低位，欧元资产具有一定的投资价值。例如，2013 年以来，欧元对美元呈较稳定的升值态势，约升值 4% 左右。因此，从短期角度看，中国从欧元投资中获得了一些汇率升值的收益。

不过，未来一段时间，欧元相对于美元将可能失去继续升值的动力，基本原因有两点：一是在美联储逐步退出量化宽松政策之际，欧洲中央银行的量化宽松政策却有加码的趋势。为缓解欧元区通货紧缩压力，欧洲央行于 2014 年 6 月 5 日将再融资利率削减至 0.15%，隔夜存款利率削减至 -0.1%，从而，欧洲央行成为全球首个实行负利率的主要央行。二是美国的经济复苏速度和经济弹性明显优于欧元区，这有利于美元汇率走强。但是，欧元汇率不会大幅下跌，因为欧元区的核心国家德国属于坚定的反通货膨胀者，过于宽松的货币政策、较高的通货膨胀和疲弱的欧元不符合德国的利益。

值得指出的是，中国外汇储备对欧元区的股票资产表现出浓厚的投资兴趣。官方货币与金融机构论坛（Official Monetary and Financial Institutions Forum，OMFIF）发表的《全球公共投资者》（Global Public Investor）报告声称，国家外汇管理局已成为"全球最大公共部门股票持有者"，其正尝试直接买入一些欧洲重要企业的少数股权。这表明，过去的一年多来，中国外汇储备的资产多元化已加速推进。

采矿业"受宠",房地产业
跻身前五大行业

——2014 年第三季度中国对外投资报告之
直接投资部分

黄瑞云、王碧珺①

摘　　要

2014 年第三季度,中国海外直接投资有所增长。从行业来看,采矿业成为本季度海外兼并收购的第一大行业,房地产业也跻身于前五大行业。这背后的原因是油气、铜矿等矿产资源在供应过剩和需求不足的影响下价格低迷,中国企业借势抄底。在房地产业方面,国内房地产市场不景气,海外房地产价格涨幅较稳定、投资回报率相对较高,于是中国投资者投资海外房地产热情高涨。从区域上来看,拉丁美洲跑赢亚洲,与欧洲和北美洲并驾,成为中国海外投资的"三驾马车"。

---

①　本报告是中国社会科学院世界经济与政治研究所国际投资研究室的集体研究成果之一。执笔人为黄瑞云与王碧珺。参加讨论的人员包括姚枝仲、张明、王永中、张金杰、李国学、潘圆圆、韩冰、王碧珺、高蓓、陈博、刘洁、黄瑞云与赵奇锋。

一 2014 年第三季度中国海外直接投资特征

根据商务部的最新数据，2014 年 1—9 月，中国境内投资者共对全球 152 个国家和地区的 4475 家境外企业进行了直接投资，累计实现投资 749.6 亿美元，同比增长 21.6%。兼并收购一向是中国海外直接投资的重要形式，根据 BVD – ZEPHYR《全球并购交易分析库》与 IIS，2014 年第三季度中国完成海外并购 120.7 亿美元（见图 1）。另外，该季度中国还有 73.73 亿美元海外兼并收购意向（已宣布，尚未完成）。对这些交易（包括已完成，已宣布尚未完成）进行分析，可以发现如下特点：

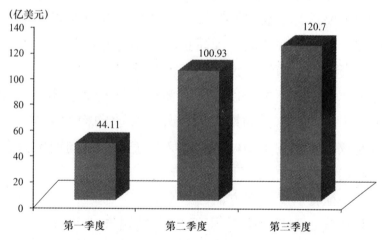

图 1 2014 年第一季度至第三季度中国企业完成海外兼并收购

资料来源：BVD – ZEPHYR《全球并购交易分析库》与 IIS。

（一）采矿业成为中国企业海外兼并收购的第一大行业，房地产业跻身前五大行业

2014 年第三季度，中国海外并购领域依然呈多元化态势。本季度海外兼并收购共涉及 13 个行业。其中，采矿业兼并收购

4 起共 70.19 亿美元，位居第二的电力、热力、燃气及水的生产和供应业（简称"电力供应业"）兼并收购有 5 起共 37.46 亿美元，两者合计占同期中国海外兼并收购额的 55%，项目数的 11%，成为本季度海外兼并收购最为重要的两个行业。其中值得一提的是，以中国五矿为首的中资财团成功竞购嘉能可斯特拉塔集团旗下的秘鲁 Las Bambas（拉斯邦巴斯）铜矿，中方出资 70.05 亿美元。这是中国迄今为止最大的一笔海外有色金属矿业收购案。

一直位居中国海外兼并收购前五大行业的制造业在本季度的海外投资规模降幅明显。本季度发生项目数 16 起共 6.49 亿美元，仅占同期中国海外兼并收购额的 1%，比今年第二季度的 40.1 亿美元下降了 83.8%。本季度制造业海外投资规模下降主要是由于民营企业成为海外投资的新生力量。很多民营企业进行海外并购主要是为了获取制造技术、品牌以及上游资料以提升产品竞争力，但由于融资成本较高且融资渠道较窄，所以民营企业在海外投资中更加谨慎，投资规模普遍较小。

房地产业跻身于本季度前五大海外并购行业。本季度发生 4 起共 21.63 亿美元，占同期中国海外兼并收购额的 11%。另外，信息传输业本季度发生 10 起共 8.92 亿美元，占同期中国企业海外兼并收购额的 5%，项目数的 12%。

上述特征背后受到多方面因素影响：

一是油气、铜矿等矿产资源供应过剩导致其价格低迷，中国企业顺势进入矿产市场进行抄底。2014 年第三季度，中国矿业企业主要在秘鲁、塞浦路斯和澳大利亚对铜矿、煤矿等矿产进行海外兼并收购。一直以来，中国是全球资源消费大国，中国企业不断寻求海外矿产资源以满足国内制造业企业的原材料供应需求。7 月份，中国矿业联合会呼吁"推进矿业大国向矿业强国的转变"，这也有助于提升中国企业对海外矿产品的投资热情。

　　二是国内房地产市场不景气，海外房地产价格涨幅较稳定、投资回报率相对较高，以及国内房地产"走出去"政策扶持。中国海外房地产投资者将投资区域聚焦于流动性较强的发达国家主要城市，以商业地产和海外度假酒店为主。万达集团于8月份宣布并购澳大利亚黄金海岸著名的珠宝三塔项目。这是继英国伦敦、美国芝加哥和洛杉矶、西班牙马德里后，万达在海外布局的第五个五星级酒店。另外，国内的政策也有利于海外房地产投资。2014年5月至6月，国家发展改革委员会9号令《境外投资项目核准和备案管理办法》、国家外汇管理局《跨境担保外汇管理规定》和上海自由贸易区自由贸易账户相继颁布，分别从海外房地产投资项目审批、融资和收支汇兑上较大程度地放松管制，从而为中国企业进行海外房地产投资提供了便利条件。

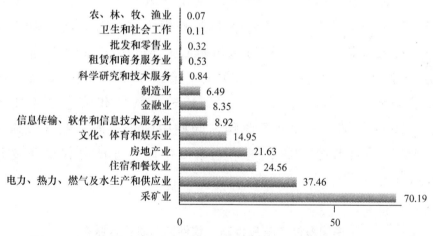

图2　2014年第三季度中国跨境兼并收购行业分布（投资额）

注：单位为亿美元。

资料来源：BVD－ZEPHYR《全球并购交易分析库》与IIS。

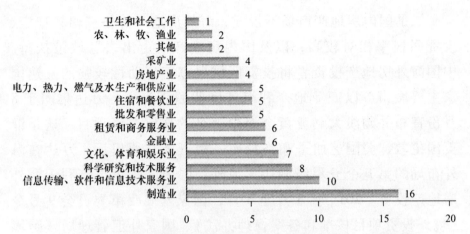

图3　2014年第三季度中国跨境兼并收购行业分布（项目数）

资料来源：BVD – ZEPHYR《全球并购交易分析库》与 IIS。

（二）"信息传输、软件和信息技术服务业"海外兼并收购活跃

为适应互联网经济，中国企业在全球努力寻求信息技术优势。2014年第三季度，中国企业海外投资"信息传输、软件和信息技术服务业"（简称信息传输业）增长依然强劲，兼并收购10起共8.92亿美元，比2014年第二季度的4.62亿美元增长了93%。中国企业海外"信息传输、软件和信息技术服务业"2014年第三季度兼并收购占同期中国企业海外兼并收购额的5%，项目数的12%，是第三季度中国企业海外投资重要目标行业之一。

表1　　　中国海外"信息传输、软件和信息技术服务业"
　　　　　　　　投资地区分布　　　　　　单位：亿元、%

	投资额	数量	投资额比重	项目数比重
亚洲	7.94	1	89.0	14
其中：香港地区	7.94	1		

续表

	投资额	数量	投资额比重	项目数比重
北美洲	0.68	7	7.6	70
其中：百慕大	0.09	1		
美国	0.59	6		
欧洲	0.31	2	3.5	20
其中：英国	0.25	1		
奥地利	0.06	1		

资料来源：BVD – ZEPHYR《全球并购交易分析库》与 IIS。

中国企业在"信息传输、软件和信息技术服务业"海外投资绝大多数（89%）投向了该行业发展较好的亚洲（香港地区）以及北美洲（主要是美国），同时还有 3 个项目分布在英国、百慕大和奥地利（见表 1）。这一趋势反映出中国企业适应互联网经济发展，加大了海外在线业务的投资和开拓。通过在线平台，实现在医药、旅游、传媒等行业开展营销、联通、支付和物流等业务。

（三）拉丁美洲跑赢亚洲，与欧洲和北美洲并驾，成为海外投资"三驾马车"

2014 年第三季度，拉丁美洲后来居上，与欧洲、北美洲一并成为中国企业海外投资的"三驾马车"。中国企业在这三个区域的并购分别达到 77.18 亿美元、69.95 亿美元和 28.00 亿美元，这三个区域吸纳了同期中国海外兼并收购总投资额的 91%、总项目数的 77%（见图 4）。

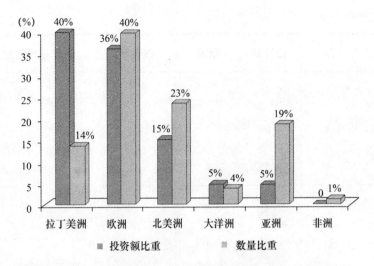

图4 2014 年第三季度中国跨境兼并收购区域分布

资料来源：BVD – ZEPHYR《全球并购交易分析库》与 IIS。

　　在拉丁美洲的投资主要集中在秘鲁和巴西。2014 年第三季度，中国企业在秘鲁实现 2 起矿产兼并收购共 70.05 亿美元，秘鲁成为同期中国海外投资额第一大目的地（见表2）。中国五矿为首的中资财团以 70.05 亿美元成功竞购嘉能可斯特拉塔集团旗下的秘鲁 Las Bambas（拉斯邦巴斯）铜矿。这是中国迄今为止最大的一笔海外有色金属矿业收购案。五矿将有望成为中国最大的铜矿生产企业和全球前十大铜矿生产商之一。中国是全球第一大铜消费国，中国五矿收购 Las Bambas（拉斯邦巴斯）铜矿对国内铜矿资源的持续供应具有重要的战略性意义。此外，中国建设银行与巴西工商业银行的并购案在 2014 年第三季度完成。2014 年 10 月 26 日，劳工党候选人罗塞夫连任巴西总统。这向中国对巴投资发出良好的信号。罗塞夫政府着手进行改革以尽快重振巴西经济。在外交方面，巴西作为"金砖五国"之一，将继续保持与中国的战略伙伴关系。

　　仅次于拉丁美洲的中国海外投资第二大目的地在欧洲。2014 年第三季度，中国企业在欧洲兼并收购 69.95 亿美元，占同期总投资额的 36%、项目数的 40%。在欧洲的投资主要集中在意大利、英国、德国和法国，以电力、热力、燃气及水生产和供应业投资为主，住宿和餐饮业、文体娱乐业和制造业也是具有吸引力的投资对象。尽管 2014 年第二季度欧洲经济复苏戛然而止，欧洲很多产业依然对中国企业有很大的吸引力。

　　中国企业海外投资的第三驾马车是北美洲。2014 年第三季度，中国企业在北美州兼并收购 29.21 亿美元，占同期总投资额的 15%、项目数的 23%。中国企业在北美洲投资的绝大部分（约 96%）流向了美国。实际上，美国是同期中国企业海外兼并收购项目数的第一大目的地，投资额的第二大目的地，吸引了 17 个投资项目共计 27.91 亿美元投资额，主要集中于信息传输、软件和信息技术服务业和房地产业。

表 2　　　　2014 年第三季度中国十大跨境兼并收购目的地

单位：亿美元

国家/地区	投资额	数量
秘鲁	70.05	2
美国	27.91	17
意大利	25.86	5
英国	17.99	4
德国	12.27	9
法国	12.23	5
澳大利亚	9.14	3
中国香港地区	8.83	7
巴西	7.06	1
开曼群岛	1.21	6

资料来源：BVD – ZEPHYR《全球并购交易分析库》与 IIS。

与拉丁美洲、欧洲和北美洲这中国企业海外投资的"三驾马车"相比，第三季度亚洲和非洲对中国企业的吸引力有所下降。2014 年第三季度，中国企业在亚洲的并购项目共 15 起总金额为 8.89 亿美元，比 2014 年第二季度中国在亚洲海外兼并收购额的 58.99 亿美元下降了 84.9%。在非洲的并购项目仅 1 起总金额为 0.0014 亿美元，比 2014 年第二季度中国在非兼并收购额的 0.0076 亿美元下降了 81.6%。

（四）2014 年第三季度前十大海外兼并收购项目

按照投资规模排序，本文总结了 2014 年第三季度中国海外兼并收购前十大交易（见表 3）。其中，最大一笔交易是以中国五矿为首的中资财团成功竞购嘉能可斯特拉塔集团旗下的秘鲁 Las Bambas（拉斯邦巴斯）铜矿，中方出资 70.05 亿美元。这也成为中国迄今为止最大的一笔海外有色金属矿业收购案。

2014 年第三季度，电力、热力、燃气及水的生产和供应业海外兼并收购活跃。其中，中国国家电网公司以 25.72 亿美元的价格收购意大利电网成为同期中国海外兼并收购的第二大交易。顺风光电国际有限公司分别以 8.5 亿美元和 2.5 亿美元收购德国 S. A. G. 和美国普威电子能量，成为同期中国海外兼并收购第七和第十大交易。通过这两笔交易，顺风光电国际有限公司能够获得技术和品牌，提高产品竞争力，有利于奠定其在北美和西欧的市场基础。

此外，联想控股—弘毅投资斥资 15.56 亿美元收购英国披萨连锁品牌 Pizza Express 全部股权，这将有助于该品牌开拓中国市场。这也是近五年来欧洲餐饮业金额最大的一笔海外并购。

在前十大交易中，万达有两笔房地产交易入围，总投资额达到 23 亿美元。这两笔交易分别是万达在美国纽约和澳大利亚黄金海岸的地产项目。此外，住宿和餐饮业、文化娱乐业、金融业和制造业也各自有项目进入前十大海外兼并收购中，显示出中国企业海外投资呈现更多元化的行业布局。

表3 　　　　　　2014年第三季度中国前十大跨境兼并收购　单位：亿美元

	中国企业	目标企业	投资目的国	金额	行业	持股比例（%）
1	五矿集团	Las Bambas	秘鲁	70.05	采矿业	100
2	中国国家电网公司	意大利电网	意大利	25.72	电力供应业	35
3	联想控股—弘毅投资	Pizza Express 有限公司	英国	15.56	住宿和餐饮业	100
4	万达	好莱坞地产项目	美国	12.00	房地产业	100
5	复星国际有限公司	地中海俱乐部	法国	10.79	文化娱乐业	100
6	万达	澳大利亚黄金海岸	澳大利亚	9.00	房地产业	100
7	顺风光电国际有限公司	S. A. G.	德国	8.50	电力供应业	100
8	建设银行	BANCO IN-DUSTRIAL E COMERCIAL SA	巴西	7.06	金融业	72

续表

	中国企业	目标企业	投资目的国	金额	行业	持股比例（％）
9	株洲时代新材料科技有限公司	ZF 德的橡胶和塑料业务	德国	3.73	制造业	100
10	顺风光电国际有限公司	普威电子能量	美国	2.50	电力供应业	30

资料来源：BVD – ZEPHYR《全球并购交易分析库》与 IIS。

二　政策展望

（一）商务部施行《境外投资管理办法》，首次实行对外投资负面清单模式

商务部于 2014 年 10 月 6 日起施行《境外投资管理办法》修订版，此次修订版除了进一步简政放权外，还首次实行了对外投资负面清单模式，简化了对外投资的审批管理。《境外投资管理办法》确定了"备案为主、核准为辅"的管理模式，这对有海外投资意向的中国企业来说是很好的机会，一方面有利于降低企业的海外投资成本和面临的政策不确定性，另一方面增加了投资效率和避免错失投资机会。负面清单管理模式的建立放开了我国企业对外投资的限制，但是海外投资企业也要意识到，对外投资面扩大的同时也意味着将面临更大的风险。

（二）推进中美 BIT 谈判，APEC 峰会有望推动区域投资自由化

2014 年 1 月、3 月和 6 月，中欧进行了头三轮双边投资协定

（BIT）谈判。双方主要就谈判的安排、可能涉及的议题等展开磋商，并就投资协定的概念性问题交换了意见，取得的实质进展并不多。与2008年就已经启动的中美BIT谈判相比，中欧的磋商还处于起步阶段。

预计中美BIT谈判在2014年年底将取得显著进展。2014年9月22日双方进行了第15轮谈判，继续就文本的核心问题进行了磋商。按照商定的时间表，预计2014年会对协议文本各项条款概念及范围作出划定，为2015年启动负面清单谈判奠定基础。双方诉求很多，主要集中在开放行业、投资者诉东道国政府争端解决机制等方面。中国希望保护在美投资中国企业的安全与利益、扩大美国产业对外开放程度等。这将为中国企业对美投资提供更多保障。

将于2014年11月10日至11日举行的APEC北京峰会有望推动亚太区域的投资自由化和便利化，加强成员国间的经济技术合作。本次峰会将就推动区域经济一体化、促进经济创新发展、改革与增长，加强全方位互联互通和基础设施建设展开议题。在本次峰会上，中国将着力推动区域经济一体化，为中国企业进行海外投资扫清障碍。

美元资产规模趋稳定，
美元资产结构需调整
——2014 年第三季度中国对外投资报告之
证券投资部分

王永中[①]

摘　　要

　　中国持有的美国证券资产继续维持信用等级高、期限长的特征。截至 2014 年 7 月底，中国持有的美国证券资产规模达 18048 亿美元，其中国债 12649 亿美元，机构债券 2035 亿美元，股票 3128 亿美元，企业债券 236 亿美元。2014 年 4—7 月，中国持有的美元证券资产不仅规模变化较小，结构也未发生明显的变动。美联储退出量化宽松对中国外汇储备产生双重影响。正面效应表现为美元升值和美国股票、不动产市场的上涨动力增强，而负面冲击体现在债券收益率上升导致中国持有的长期债券资产价格下跌。考虑到美国在经济弹性、发展前景、人口老龄化程度和主权债务状况等方面明显优于欧洲、日本，以及美元在未来数年很可

---

　　① 本报告是中国社会科学院世界经济与政治研究所国际投资研究室的集体研究成果之一。执笔人为王永中。参加讨论的人员包括姚枝仲、张明、王永中、张金杰、李国学、潘圆圆、韩冰、王碧珺、高蓓、陈博、刘洁、黄瑞云与赵奇锋。

能维持相对强势地位，美元资产比重占中国外汇储备的比例宜维持稳定，但应调整美元资产结构，逐步降低美国国债的持有份额，缩短所持美国国债的剩余存续期限，加大对股票、企业债券和不动产的投资力度。另外，中国应充分利用当前石油价格大幅下跌的时机，适当增加石油战略储备。

一　中国投资美元证券资产状况

中国持有的美国证券资产继续维持信用等级高、期限长的特征。截至 2014 年 7 月底，中国持有的美国金融资产的规模为 19028 亿美元，其中，证券资产的规模达 18048 亿美元，银行存款 980 亿美元。在中国所持有的美国证券资产中，国债 12649 亿美元，机构债券 2035 亿美元，股票 3128 亿美元，企业债券 236 亿美元。如表 1 所示，中国持有的美国证券资产仍继续呈现出两个基本特征：一是信用等级高。中国持有 AAA 信用等级的美国国债和机构债券的价值高达 14684 亿美元，占证券持有总额的 81.4%，而股票、企业债券等高收益资产的比例仅分别为 17.3%、1.3%。二是期限长。中国持有的美国长期债券资产规模达 14892 亿美元，占持有的美元资产总量的 82.5%，而短期美国国债的比重仅为 0.1%。这一期限结构使得中国持有的美元证券资产特别易遭受美国通货膨胀风险和利率风险的不利冲击。

2014 年 4—7 月，中国持有的美国金融资产规模总体上维持稳定，先由 3 月末的 18911 亿美元一度升至 5 月份的 19279 亿美元，上升了 1.95%，后跌至 7 月末的 19028 亿美元，下跌了 1.30%；中国持有的美国证券资产量继续在高位徘徊，由 3 月末的 18163 亿美元略微下跌至 7 月末的 18048 亿美元，减持量为 115 亿美元，下跌了 0.6%。中国持有的美国银行存款规模有了显著上升，由 3 月末的 748 亿美元大幅升至 6 月末的 1099 亿美元，7 月末降至 980 亿美元，8 月末又回升至 1066 亿美元。

　　2014年4—7月，中国持有的美元证券资产不仅规模变化较小，结构也未发生明显的变动。在2014年的第二季度，中国外汇储备管理者的风险偏好程度略有上升，股票占证券资产的比重有小幅上升，由3月末的17.2%升至6月末的17.5%，而国债、机构债券的比重有所下降，分别由3月末的70.0%、11.4%略降至6月末的69.9%、11.2%。2014年7月，外汇储备管理者的避险情绪有所增强，股票占债券的比重了下降了0.21个百分点，跌至17.3%，而国债、机构债券的比重分别上升了0.19个百分点、0.07个百分点。

表1		中国持有美国金融资产的种类及规模							单位:亿美元
日期 （月末）	存款	证券	股票	长期债券			短期债券		
				国债	机构债	公司债	国债	机构债	公司债
2010.06	224	16109	1270	11080	3600	110	40	1	8
2011.06	298	17272	1590	13020	2450	160	49	0	3
2012.06	577	15922	2209	11385	2024	218	84	2	0
2013.06	384	17349	2605	12721	1740	234	46	2	1
2013.12	463	18037	3050	12642	2041	243	58		3
2014.03	748	18163	3127	12702	2065	244	19		6
2014.04	837	18089	3152	12606	2062	235	26		8
2014.05	1046	18233	3191	12632	2089	236	76		9
2014.06	1099	18148	3184	12604	2034	238	80		8
2014.07	980	18048	3128	12626	2035	231	23		5
2014.08	1066			12676			21		6

　　资料来源：美国财政部。

　　注：2010—2013年6月末的数据为年度调查数据，其他数据为月度数据。相比较于年度数据，月度数据存在较明显的"托管偏误"问题，低估了中国持有美国证券资产的规模。

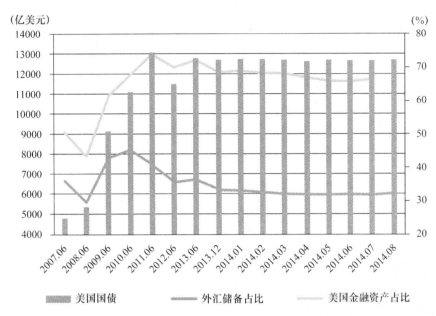

图 1　中国购买的美国国债规模及其占中国持有的外汇储备、美国金融资产的比例

资料来源：美国财政部。

　　2014 年 4—8 月，中国持有的美国国债规模失去了增长动力，基本围绕着 1.27 万亿美元上下波动（见图 1）。中国外汇储备的规模在 2014 年第二季度呈现稳定的增长态势，但在 7 月份明显下降，8 月份虽有所反弹，但低于 6 月份的水平。这导致中国持有的美国国债占中国外汇储备比例在 2014 年第二季度有所下降，由 2014 年 3 月的 32.2% 降至 4 月的 31.7%，但在七八月出现较明显反弹，并恢复至 8 月份的 32.0%。在 2014 年 3 月至 7 月期间，中国持有的美国国债占美国金融资产的比例出现明显的下跌趋势，由 3 月的 68.4% 下跌至 7 月的 66.5%。

　　在 2014 年 4—7 月，中国持有的美元资产占中国外汇储备的比例出现了小幅反弹，先由 3 月末的 47.1% 一度升至 5 月末的 48.4%，后下调至 7 月末的 48.0%（见图 2）。这与此前稳定下降的态势形成了较鲜明的对比。原因主要有两点：一是中国在美国银行系统的美元存款有明显上升，反映了中国投资者对美元汇率升值的预期；二是美元升值导致中国外汇储备中的欧元、日元等资产相对于美元贬值，致使美元资产占中国外汇储备的比例相对上升。

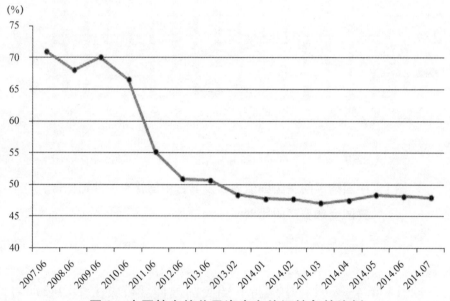

图 2　中国持有的美元资产占外汇储备的比例

资料来源：美国财政部、中国人民银行。

在 2014 年 4 月至 7 月期间，中国是美国证券资产市场最大的外国投资者，但中国的最大海外投资者地位有所削弱。除银行存款指标的比重上升外，中国持有的各项证券资产的比重均缓慢下跌。3 月末，中国持有的美国证券资产规模占外国投资者投资总量的 11.3%。其中，机构债的持有比例最高，达 24.0%，美国国债其次，占 21.4%，股票的比例为 5.2%，企业债的份额仅为 0.8%。6 月末，中国购买的美国证券、国债、机构债券、股票和公司债的份额分别小幅降至 11.1%、21.1%、23.5%、5.0% 和 0.7%。中国持有的美国银行存款占外国投资者的投资份额比重却由 3 月末的 3.8% 显著上升至 4.6%（见图 3）。

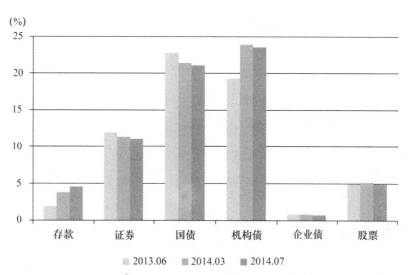

图3　中国持有的美国证券资产占外国投资者持有量的比例
资料来源：美国财政部。

二　美联储终止及退出量化宽松
对于中国外汇储备的影响

随着美国房地产市场、劳动力市场和实体经济的稳定复苏，美联储于2014年10月29日发布新闻公报，宣布在10月底终止资产购买计划，但继续维持所购买到期债券本金的再投资。在该公报中，美联储公开市场委员会预计，在资产购买计划于10月底终止后，联邦基金利率现行［0，0.25%］的目标区间仍将很可能维持相当长一段时间，特别是在预测的通货膨胀率低于2%的情况下。一些市场人士预测，美联储很可能在2015年年中提高联邦基金利率。之后，美联储才有可能考虑停止到期债券本金的再投资甚至是出售部分美国长期国债。按美联储的退出量宽的思路，出售住房抵押贷款支持证券（MBS）很可能是其货币政策正常化的最后一步，目前尚未认真考虑。

美联储退出量化宽松政策将对美国债券的收益率及市场价格、股票、不动产和美元汇率产生影响。不过，退出量化宽松是一个长期渐进的过程，不会对美国的住房信贷市场和实体经济造成破坏性影响。具体体现在：

其一，美国债券收益率上升。美联储退出量化宽松政策将不可避免地导致美国债券和住房抵押贷款支持证券（MBS）的收益率上升。当然，债券收益率的上升是在渐进和震荡中实现的。美国长期债券的基准利率——10年期国债收益率曾由2013年5月初的1.66%一度攀升至2014年1月的3.01%的高点，但目前徘徊在2.30%的水平上（见图4）。

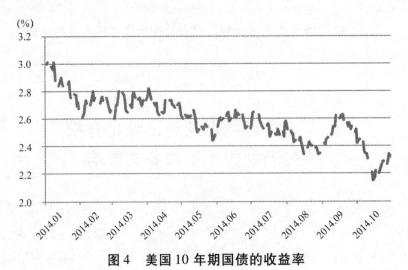

图4　美国10年期国债的收益率

资料来源：CEIC。

其二，美国债券价格下跌。美国债券收益率的上升显然将导致存量债券价格的下跌。而且，存量债券的剩余到期期限越长，债券价格下降的幅度越大。

其三，风险资产价格短期下跌或涨势趋缓，中长期稳定上涨。美国经济逐步向好，以及美联储逐步退出量化宽松政策，将对美国国债等无风险资产构成利空，而对股票和不动产等风险资

产构成利好（见图5）。从短期来看，退出量化宽松意味着美联
储将收紧流动性，显然会对美国股票和不动产市场产生负面影
响，导致其价格下跌或涨势趋缓。从中长期来看，退出量化宽松
表明美联储有实施负责任货币政策的意愿，且向投资者传递了美
国经济基本面向好的信息。这将有利于美国股票、不动产等风险
资产价格在中长期实现稳定上涨。

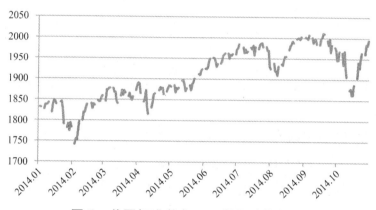

图5　美国标准普尔500股票价格指数

资料来源：CEIC。

　　其四，美元汇率升值（见图6）。原因在于：首先，美联储是
第一个实施退出量化宽松政策的全球主要中央银行，将加大美国
债券收益率上升的压力；其次，美联储退出量化宽松政策向市场
传递了其反通货膨胀的信号，有助于缓解投资者对美国政府债务
货币化的忧虑，调低对美国未来通货膨胀率的预期；再次，美国
率先退出量化宽松政策表明美国经济基本面向好，而美国企业盈
利状况的明显改善，将推动美国股票价格上扬；最后，美元资产
收益率上升，将导致美元套利交易平仓，致使大量国际资本回流
美国，进一步加大了美元的升值压力。

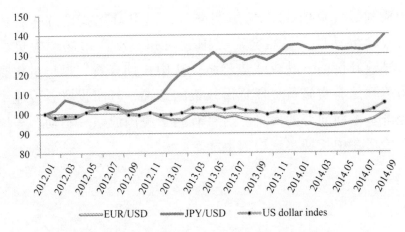

图6   美元兑欧元、日元的汇率与美元指数

资料来源：CEIC。

　　美联储退出量化宽松对中国外汇储备产生双重影响。正面效应表现为美元升值和美国股票、不动产市场的上涨动力增强，而负面冲击体现在债券收益率上升导致中国持有的长期债券资产价格下跌。其中，正面效应具体有：一是量化宽松退出表明美联储愿意实行一种审慎、负责任的货币政策，从而，美国主权债务货币化和美国长期通货膨胀的风险有所下降，这有利于降低中国外汇储备的长期购买力贬值风险；二是量化宽松退出不仅反映了美国经济基本面向好的状况，而且有助于促进美国经济和房地产市场的长期平稳发展，从而，美国的股票和房地产等资产的价格上涨动力将会增强，中国持有的美元资产的投资回报将有所上升；三是美联储在发达经济体中央银行中率先退出量化宽松政策，将有利于美元在未来3—4年时间内维持相对强势地位，这将提高中国外汇储备美元资产的实际购买力；四是美国债券收益率的上升，将会提高中国对美国债券市场增量投资的名义美元收益率，从而可部分弥补债券收益率上升对持有的存量债券价格造成的损失。

三　中国外汇储备的投资建议

为应对量化宽松政策退出的冲击，中国货币当局应客观评估形势，沉着冷静，制定出长、中和短期相结合的外汇储备投资方案，稳步推进外汇储备资产的多元化。具体建议有：

第一，美元资产比重占外汇储备的比例宜维持稳定，但应调整美元资产结构，加大对美国股票、不动产和企业债券的投资力度。考虑到美国在经济弹性及发展前景、人口老龄化程度和主权债务状况等方面明显优于欧洲、日本，美元在未来数年很可能维持相对强势地位，因此，未来一段时间，美元资产占中国外汇储备的比重宜维持稳定。当前，亟须对中国持有的美元资产结构进行调整，逐步降低国债的持有份额，加大对股票、企业债券和不动产的投资力度。

第二，渐进减持美国国债，避免引发美国国债市场震荡。美联储退出量化宽松是一个长期过程，其推进节奏取决于美国信贷市场和劳动力市场的反应，从而，美国国债的收益率上升和价格下跌应是一个平缓的过程。而且，中国持有美国长期国债的规模巨大，资产配置结构调整难以在短期内完成。因此，中国应逐步减持美国国债，避免引发美国国债市场震荡。

第三，调整美国国债资产的期限结构，减持剩余期限较长的国债，适当增持剩余期限较短的国债和通货膨胀保护国债 TIPS。量化宽松政策退出将导致美国国债的收益率上升和价格下跌，是一个确定性事件。中国货币当局可适当减持剩余期限较长的长期国债，增持剩余期限较短的长期国债和短期国债，例如增持剩余期限为 2 年左右的国债，以减少国债收益率上升所引起的估值损失。同时，未来美国经济复苏将导致通货膨胀率上升，侵蚀美国国债的投资收益，为规避通货膨胀风险，中国可适当增持美国的通货膨胀保护国债 TIPS。

第四，适当增加石油等战略物资储备。中国人均资源贫乏，可选择有利的价格时机，利用外汇储备来购买一些不可再生的资源，如石油、矿石资源、稀有金属等，满足国民经济建设对战略性物资的长远需求。目前，受地缘政治和实际需求不足的影响，石油价格深幅下跌，布伦特原油价格已跌破90美元/桶，逼近85美元/桶。这是中国增加石油储备的一个较为合适的时机。

第五，从中长期角度看，中国应遏制外汇储备持续增长的势头，降低外汇储备在外汇资产中份额，实现从"藏汇于国"向"藏汇于民"的转变。中国应逐步放开国内企业和居民持有外汇资产的限制，进一步放宽对资本流出的管制，增强人民币汇率浮动弹性，鼓励企业开展对外直接投资和证券资产投资。中国外汇储备可通过发放委托贷款方式，加大对开展境外直接投资的国内企业，特别是民营企业的资金支持力度。同时，中国可考虑在养老、能源领域设立主权财富基金，在全球范围内开展另类投资，以提高外汇储备的投资回报。

金融业欣欣向荣，采矿业备受青睐

——2014 年第四季度中国对外投资报告之直接投资部分

黄瑞云[①]

摘　　要

2014 年第四季度，中国海外兼并收购领域依然呈多元化态势。从行业上来看，服务业"走出去"势能强劲，金融业成为同期海外兼并收购的第一大行业。而随着油价下跌所带来的全球油气行业兼并收购机会，采矿业成为第四季度海外兼并收购的第二大行业。从区域上来看，欧洲、北美洲和拉丁美洲稳居中国海外兼并收购的前三大目的地，同时中国对亚洲和大洋洲的投资规模与上一季度相比，也有所增长。在政策上，中美、中欧双边投资协定谈判（BIT）有望在 2015 年取得显著进展。另外，中澳自贸协定谈判结束将大幅降低中国企业对澳投资的审查门槛，增加内地企业赴澳投资的市场准入机会。

---

① 本报告是中国社会科学院世界经济与政治研究所国际投资研究室的集体研究成果之一。执笔人为黄瑞云。参加讨论的人员包括姚枝仲、张明、王永中、张金杰、李国学、潘圆圆、韩冰、王碧珺、高蓓、陈博、刘洁、黄瑞云与赵奇锋。

一　2014 年第四季度中国海外直接投资特征

　　根据商务部的最新数据，2014 年，中国境内投资者共对全球 156 个国家和地区的 6128 家境外企业进行了直接投资，累计实现投资 1028.9 亿美元，同比增长 14.1%。其中股本投资和其他投资 860.9 亿美元，占比 83.7%，利润再投资 168 亿美元，占比 16.3%。截至 2014 年底，中国累计非金融类对外直接投资 6463 亿美元。

　　兼并收购是中国海外直接投资的重要形式，根据 BVD－ZEPHYR《全球并购交易分析库》与 IIS，2014 年第四季度中国完成海外并购 105.59 亿美元，比 2014 年第三季度下降 12.5%（如图 1）。另外，该季度中国还有 66.35 亿美元的海外兼并收购意向（已宣布，尚未完成）。对上述交易（包括已完成，已宣布尚未完成）进行分析，可以发现如下特点：

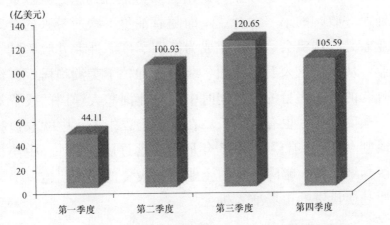

图 1　2014 年第一季度至第四季度中国企业完成海外兼并收购

资料来源：BVD－ZEPHYR《全球并购交易分析库》与 IIS。

　　（一）服务业"走出去"势能强劲，金融业成为本季度最受青睐的行业

　　2014 年第四季度，中国海外兼并收购领域依然呈多元化态

势。该季度海外兼并收购共涉及 15 个行业。其中，金融业兼并收购 12 起共 35.88 亿美元，比第三季度的 8.35 亿美元增加了 3.3 倍，成为同期中国海外兼并收购的第一大行业。采矿业兼并收购 7 起合计 33.08 亿美元，其中油气开采发生 4 起合计 33.14 亿美元，成为同期中国海外兼并收购的第二大行业。租赁和商务服务业兼并收购有 6 起共 24.98 亿美元，比上季度的 0.53 亿美元增加了 46 倍。三者合计占同期中国海外兼并收购额的 56%，项目数的 25%，成为本季度海外兼并收购最为重要的三个行业。

　　服务业在 2014 年第四季度海外兼并收购中呈现出强劲的势头。其中，金融业、租赁和商务服务业、批发和零售业、住宿和餐饮业均位居第四季度海外兼并收购的前五大行业，四者合计占同期中国海外兼并收购额的 63%，项目数的 32%。制造业在 2014 年第四季度的海外投资规模有所回升，发生项目数 27 起共 7.93 亿美元，比 2014 年第三季度的 6.49 亿美元增长了 22%。

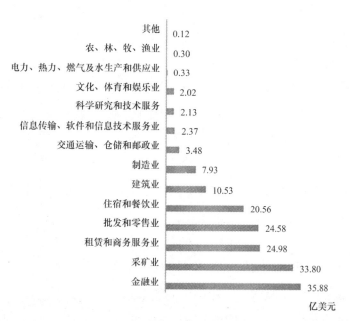

图 2　2014 年第四季度中国跨境兼并收购行业分布（投资额）

资料来源：BVD – ZEPHYR《全球并购交易分析库》与 IIS。

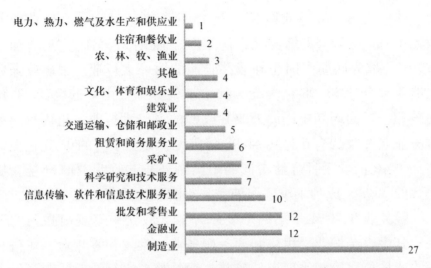

电力、热力、燃气及水生产和供应业 ▬ 1
住宿和餐饮业 ▬ 2
农、林、牧、渔业 ▬ 3
其他 ▬ 4
文化、体育和娱乐业 ▬ 4
建筑业 ▬ 4
交通运输、仓储和邮政业 ▬ 5
租赁和商务服务业 ▬ 6
采矿业 ▬ 7
科学研究和技术服务 ▬ 7
信息传输、软件和信息技术服务业 ▬ 10
批发和零售业 ▬ 12
金融业 ▬ 12
制造业 ▬ 27

图 3　2014 年第四季度中国跨境兼并收购行业分布（项目数）

资料来源：BVD – ZEPHYR《全球并购交易分析库》与 IIS。

上述特征受到多方面因素影响：

一是危机过后，欧美国家经济复苏，中国企业看好欧美发达国家的服务业。金融业、租赁和商务服务业、批发和零售业等服务业，具有资源消耗少、环境污染少等优点，是全球经济社会发展的基本态势。发达国家的服务业起步早，发展成熟，拥有先进的管理体系和高新技术。处于产业升级阶段的中国企业希望通过海外投资，获取欧美发达国家服务业的管理经验、高新技术、人才等。

二是政府对金融业资金投资渠道放宽，促进中国金融类企业积极开拓海外市场。从本季度的资金总规模上来看，国有企业特别是大型央企是主力军，能够从政府获得较多的资金支持，部分国企还承担了实现国家战略目标的责任。中国政府也放宽了金融业的资金投资渠道。2014 年 8 月份，国务院发布保险业新"国十条"，鼓励中资保险公司多形式、多渠道"走出去"，提高了中国金融业进行海外兼并收购的积极性。

三是全球油价走低，为中国油气企业进行海外兼并收购提供了新的契机。2014 年下半年，全球油价暴跌，造成石油生产国的销售收入下降，资金链紧张，面临破产风险。这也为中国油气企业进行海外兼并收购提供了新的契机，一方面并购的成本显著下降，另一方面遭遇的抵制也减弱。中国石油天然气集团公司牢牢把握时机，于 2014 年 11 月 7 日完成对秘鲁的巴西国家石油能源（秘鲁）S. A. 公司的收购，出资额为 23. 75 亿美元，成为第四季度的第二大跨境兼并收购交易。

（二）适应中国经济新常态，金融业海外兼并收购欣欣向荣

为适应中国经济新常态，中国企业在全球努力寻求金融业的新出路。2014 年第四季度，中国企业海外金融业投资增长强劲，兼并收购 12 起共 35. 88 亿美元，占同期中国企业海外兼并收购额的 21%，项目数的 12%，比第三季度的 8. 35 亿美元增加了 3. 3 倍，成为该季度中国海外兼并收购的第一大行业。对金融业的兼并收购绝大部分是金融类国有企业，如中信集团公司、中信银行、中国人寿保险等国有企业以及海通证券等国有控股公司，主要涉及保险业、银行服务、控股公司服务和投资服务。

表 1   中国海外"金融业"投资的地区分布

地区	投资额（亿美元）	数量	投资额比重（%）	项目数比重（%）
欧洲	14. 53	4	40	33
其中：捷克	7. 77	1		
葡萄牙	4. 29	1		
比利时	2. 48	2		
北美洲	10. 66	5	30	42
其中：开曼群岛	9. 61	3		
百慕大	1. 05	2		
亚洲	10. 69	3	30	25
其中：香港地区	10. 66	2		
以色列	0. 03	1		

资料来源：BVD – ZEPHYR《全球并购交易分析库》与 IIS。

中国企业在金融业的海外投资绝大多数（70%）投向了亚洲（香港）以及欧洲（主要是捷克、葡萄牙），同时还有8个项目分别分布在百慕大、开曼群岛、比利时和以色列（见表1）。这一趋势反映出中国金融类企业适应经济新常态，多形式、多渠道"走出去"，充分利用海外开放的金融环境、专业的金融服务平台，迅速掌握金融信息，借鉴发达国家的管理经验，更好地服务中国内地企业。

（三）欧洲、北美洲和拉丁美洲稳居前三强，亚洲和大洋洲投资规模有所增加

2014年第四季度，欧洲、北美洲与拉丁美洲一并成为中国企业海外投资的"三驾马车"。中国企业在这三个区域的并购额分别达到60.41亿美元、51.08亿美元和27.18亿美元，吸纳了同期中国海外兼并收购总投资额的82%、总项目数的71%（见图4）。

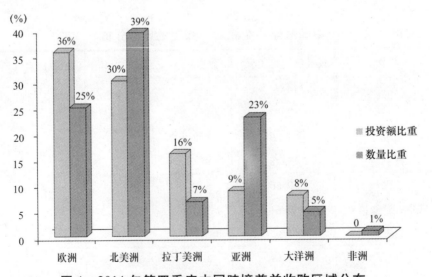

图4　2014年第四季度中国跨境兼并收购区域分布

资料来源：BVD‑ZEPHYR《全球并购交易分析库》与IIS。

在欧洲的投资主要集中在法国、荷兰、俄罗斯、捷克和葡萄

牙五国。在欧的投资资金额大部分流向了法国的住宿和餐饮业，俄罗斯的采矿业，捷克、葡萄牙、比利时的金融业，荷兰、法国、瑞士的批发和零售业，德国、丹麦的制造业。2014 年第四季度，国内企业在法国实现 3 起兼并收购共 22.73 亿美元，使得法国成为同期中国海外投资的第三大目的国家（见表 2）。该季度在欧洲实现了几笔投资额较大的跨境兼并收购交易。2014 年 11 月 12 日，上海锦江国际集团斥资 16.97 亿美元收购法国的卢浮酒店集团，成为同期中国第三大跨境兼并收购案。据知情人士透露，上海锦江国际集团开价高于欧洲最大的酒店经营者雅高集团，对相关品牌的估值超过未计利息、税项、折旧及摊销前盈利的 11 倍。① 卢浮酒店集团拥有 Campanile、Kyriad 和 Premiere Classe 等品牌，在酒店管理方面拥有丰富的经验，与锦江国际集团有较强的互补性。2014 年 10 月 14 日，中粮集团出资 10.66 亿美元收购荷兰奈德拉公司 51% 的股权，目标业务为谷物、油籽、植物油和生物能源产品的贸易，是同期中国第四大跨境兼并收购交易。以上凸显出中国企业对欧洲资产的渴求。

　　仅次于欧洲的中国海外投资第二大目的地在北美洲。2014 年第四季度，中国企业在北美洲兼并收购额达 51.08 亿美元，占同期总投资额的 30%、项目数的 39%。在北美洲的投资主要集中在百慕大、开曼群岛和美国，以百慕大和开曼群岛的金融业投资为主，美国的科学研究和技术服务业、制造业、信息传输业也是具有吸引力的投资对象。百慕大和开曼群岛的政局较稳定，金融业发达，并且百慕大没有外汇管制，开曼是"避税天堂"，自然成为很多内地企业的首选目的地。美国作为全球第一经济大国，2014 年经济复苏，并且拥有高新技术和国际金融中心，依然对中国企业有很大的吸引力。

---

　　① 信息来源于 FT 中文网：http://www.ftchinese.com/story/001059101。

　　中国企业海外投资的第三大目的地是拉丁美洲。2014 年第四季度，中国企业在拉丁美洲兼并收购 27.18 亿美元，占同期总投资额的 16%、项目数的 7%。中国企业在拉美投资额的 87% 流向了秘鲁的油气开采业。2014 年下半年，全球油价暴跌，并购的成本减低，遭遇的并购抵制也减弱，为中国油气企业实现海外兼并收购提供了时间窗口。2014 年 11 月 7 日，中国石油天然气集团公司完成对巴西国家石油能源（秘鲁）公司的收购，出资额为 23.75 亿美元，经营油气开采业。

表 2　　　　2014 年第四季度中国前十大跨境兼并收购目的地

单位：亿美元

国家	投资额	数量
百慕大	26.29	5
秘鲁	23.75	1
法国	22.73	3
开曼群岛	19.26	7
澳大利亚	13.28	4
香港	12.84	11
荷兰	10.66	2
俄罗斯	9.07	4
捷克共和国	7.77	1
葡萄牙	4.29	1

资料来源：BVD – ZEPHYR《全球并购交易分析库》与 IIS。

　　亚洲和大洋洲对中国企业的吸引力也加大。2014 年第四季度，中国企业在亚洲的并购项目共 24 起合计 14.89 亿美元，比第三季度中国在亚洲海外兼并收购额的 8.89 亿美元增长了 68%。中国香港地区独特的自由港、国际金融中心以及内地与世界之间的"窗口"角色，使得内地企业在亚洲的投资主要集中在香港地区。在大洋洲的并购项目发生 5 起共 13.44 亿美元，比 2014 年第三季度中国在大洋洲兼并收购额的 9.14 亿美元增加了 47%。

（四）2014 年第四季度前十大海外兼并收购项目

按照投资规模排序，本文总结了 2014 年第四季度中国海外兼并收购前十大交易（见表 3）。中国企业海外投资依然呈现多元化的行业布局。其中，最大一笔交易是渤海租赁有限公司在 2014 年 11 月 20 日宣布出资 24.51 亿美元收购百慕大的克罗诺斯有限公司 80% 的股权，目标业务为集装箱租赁和管理业务。

表 3　　　　　2014 年第四季度中国前十大跨境兼并收购

单位：亿美元

	中国企业	目标企业	目标国家	金额（亿美元）	行业	持股比例（%）	是否完成
1	渤海租赁有限公司	克罗诺斯有限公司	百慕大	24.51	租赁和商务服务业	80	是
2	中国石油天然气集团公司	巴西国家石油能源（秘鲁）公司	秘鲁	23.75	采矿业	100	是
3	上海锦江国际集团	卢浮酒店集团	法国	16.97	住宿和餐饮业	100	否
4	中粮集团	奈德拉公司	荷兰	10.66	批发和零售业	51	是
5	中国交通建设股份有限公司	John Holland	澳大利亚	9.50	建筑业	100	是
6	中国石油天然气集团公司	VANKORNEFT ZAO	俄罗斯	9.07	采矿业	10	是
7	中信集团有限公司	CKM（开曼）有限公司	开曼群岛	8.88	金融业	n.a.	否
8	中国华信能源有限公司	J&T 金融集团	捷克共和国	7.77	金融业	30	否
9	海通证券	圣灵投资银行	葡萄牙	4.29	金融业	100	是

续表

	中国企业	目标企业	目标国家	金额	行业	持股比例（%）	是否完成
10	河北钢铁集团公司	DUFERCO 国际贸易控股公司	瑞士	3.63	批发和零售业	41	是

资料来源：BVD – ZEPHYR《全球并购交易分析库》与 IIS。

2014 年第四季度，金融业海外兼并收购活跃。其中，中信银行有限公司以 8.88 亿美元的价格收购 CKM（开曼）有限公司，成为同期中国海外兼并收购的第七大交易。中国华信能源有限公司斥资 7.77 亿美元收购捷克的 J&T 金融集团 30% 股权，海通证券出资 4.29 亿美元收购葡萄牙的圣灵投资银行，成为同期中国海外兼并收购第八和第九大交易。这三笔交易体现出中国金融类公司近期的境外投资热潮。

采矿业尤其是石油开采业的海外兼并收购在第四季度也很活跃。2014 年下半年全球石油价格下行，加上西方对俄制裁和强势美元对新兴市场的影响造成卢布暴跌，中国石油天然气集团紧紧把握时机，除了在秘鲁收购巴西国家石油能源（秘鲁）公司外，还曾在 2014 年 11 月底，斥资 9.07 亿美元收购俄罗斯 VANKORNEFT ZAO 公司 10% 的股权，目标业务为油气开采业。中石油囊括同期中国海外兼并收购的第二和第六大交易。

在建筑业方面，中国交通建设股份有限公司出资 9.5 亿美元收购澳大利亚最大建筑商之一 John Holland，使得中交公司获得了在澳大利亚的立足点。目前，澳大利亚正投资数百亿美元用于修建新的公路和铁路，这也有利于中交公司在澳进一步的业务拓展。

二　政策展望

（一）中美、中欧 BIT 谈判有望取得显著进展，降低中国企业境外投资的额外成本和风险

预计中美双边投资协定（BIT）谈判在 2015 年将取得显著进展。中美在 2014 年 11 月和 12 月进行了第 16 轮、第 17 轮 BIT 谈判。2015 年 2 月 4 日，第 18 轮中美投资协定谈判在美国华盛顿举行，双方继续就协定文本进行谈判。双方团队将力争就核心问题和主要条款达成一致，为下一步启动负面清单谈判奠定基础。该轮谈判也是 2015 年的首轮谈判。中美 BIT 谈判的成功有利于降低内地企业海外投资的额外成本和风险。

在欧洲这边，2014 年 1 月、3 月和 6 月，中欧进行了头三轮双边投资协定（BIT）谈判。双方主要就谈判的安排、可能涉及的议题等展开磋商，并就投资协定的概念性问题交换了意见，双方谈判有望在 2015 年取得更多进展。

（二）中澳自贸协定谈判结束，双方大幅降低企业投资的审查门槛

2014 年 11 月 17 日，中国与澳大利亚的双方代表人签署了实质性结束中澳自由贸易协定谈判的意向声明，标志着历时十年的中澳自贸协定谈判结束。中澳自贸协定涉及投资领域，双方在协定生效日起相互给予最惠国待遇，同时大幅降低企业投资的审查门槛，增加企业投资的市场准入机会、可预见性和透明度。在协定中，中国 10 亿澳元以下的投资计划无须通过澳大利亚的外国投资审查委员会的批准。为更顺利达成投资，部分中国国企的投资项目为此特意推迟①。

---

① 资料来源于搜狐网：http：//news. sohu. com/20141117/n406119705. shtml。

澳大利亚大幅降低中国企业在澳投资的审查门槛，并且澳大利亚的矿产资源、石油和天然气都很丰富，这将进一步促进中国企业对澳投资，充分利用澳大利亚的资源和能源，从而降低中国企业的投资成本和风险。

2014 年第四季度中国对外投资报告之证券投资部分

赵奇锋[①]

摘　　要

2014 年 7 月至 10 月末，中国对外间接投资呈现如下特点：美元金融资产总量基本保持平稳，上涨势头趋缓；分类型来看，美元存款和美国股票均略有增加，美元债券存量则有所下降，但债券资产在整个美元资产池中独大的现象未发生根本性转变；美元债券长短期限错配问题依然比较严重，美元债券存量中几乎全部是长期债券，短期债券微乎其微，此外，美元资产中股债比失衡状况未得到根本性改善，中国美元资产中大部分是收益率极低的长期美国国债，股票等高收益类证券占比偏小，导致中国美元金融资产整体收益率长期偏低。我们建议：（1）适当增持美元资产，但要调整优化美元资产结构，在风险可控的条件下适当增持美国股票等高收益类证券，改善整体资产收益状况；（2）改善中国美元债券资产长短期限错配问题，适当增持部分短期债券以增

---

①　本报告是中国社会科学院世界经济与政治研究所国际投资研究室的集体研究成果之一。执笔人为赵奇锋。参加讨论的人员包括姚枝仲、张明、王永中、张金杰、李国学、潘圆圆、韩冰、王碧珺、高蓓、陈博、刘洁、黄瑞云与赵奇锋。

加整体资产流动性，在不明显影响余量债券市场价值的前提下渐次有序减持部分长期美国国债，避免美元资产自身受到较大的减值损失；（3）把握当前石油等大宗商品正处于历史低位的有利时机，利用部分外汇储备购买一些对国民经济发展具有战略价值的大宗商品；（4）加快推进外汇制度改革，实现藏汇于民，从根本上扭转中国外汇储备增长过快趋势。

一　中国美元金融资产状况

2014 年 7 月—10 月，中国美元金融资产整体保持平稳状态，部分资产存量略有调整。截至 2014 年 10 月末，中国持有的美元资产存量总额达到 19145 亿美元，连续三个月处于 19100 亿美元上方。美元存款自 8 月份以来连续三个月超过千亿美元，10 月末达到 1113 亿美元的历史最高水平。2014 年 7—10 月，中国所持美国股票资产在 3200 亿美元上下小幅波动，10 月底增加至 3243 亿美元。在这一时期，中国持有的美元债券资产存量有所下降。其中，2014 年 7—9 月，中国美元债券资产存量保持在略高于 14900 亿美元的水平，10 月末降至 14789 亿美元（见附表）。

（一）美元资产总量保持平稳，在外储中占比明显回升

图 1 所示为 2013 年 1 月至 2014 年 10 月末中国所持美元金融资产状况。截至 2014 年 10 月底，中国所持有的美元金融资产存量合计达到 19145 亿美元，较上月末微增 35 亿美元。2014 年 7—10 月，中国持有美国金融资产存量总额在 19029—19218 之间轻微波动，基本保持平稳状态。

但是，由图 1 可知，中国外汇储备中美元金融资产占比却出现了较明显的上升势头。具体来看，中国外汇储备中美元金融资产占比自 2014 年 7 月份达到 47.98% 的历史低位后连续四个月上升，10 月末已回升至 49.69%。中国外汇储备中美元资产占比出现明显回升有三个方面的原因：（1）近期美元汇率走势较强，从

图2可以明显看出，2014年7—10月，美元兑世界主要货币（主要包括欧元、日元、英镑等）汇率处于明显上升通道（图中箭头所示），升值幅度较为明显，导致美元这一世界性货币的强势避险功能更为突出，在此期间，中国持有的美元存款有明显增加的趋势；（2）由于近期美元升值剧烈，其他世界主要货币（欧元、日元、英镑等）相对美元贬值，致使中国外汇资产中非美元资产相对美元资产贬值，造成中国外汇储备中美元资产占比出现回升；（3）近期中国外汇储备规模有所下降，外储规模自2014年6月末达到39932亿美元的历史高位后开始稳步下降，截至2014年10月末，中国外储规模已降至38529亿美元，较6月份的峰值下降约1400亿美元，外汇储备规模下降是导致中国外储中美元金融资产占比出现回升的一个重要原因。

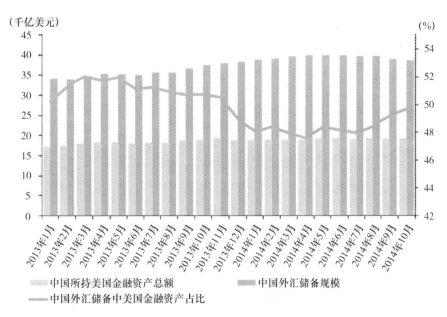

图1　2013年1月至2014年10月末中国美元金融资产存量及其在外储中占比

资料来源：国家外汇管理局，美国财政部网站。

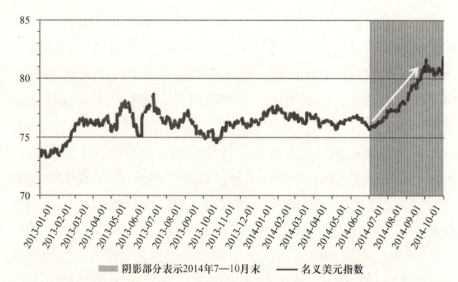

阴影部分表示2014年7—10月末   —— 名义美元指数

图2   2013 年 1 月 1 日至 2014 年 10 月 31 日名义美元走势

资料来源：Wind 数据库。

（二）美元存款和股票略微增加，美国债券有所下降

图 3 显示了 2013 年 1 月至 2014 年 10 月期间中国持有不同种类美元金融资产存量变化情况（主要是美元存款、美元债券和美国股票）。如图 3 所示，截至 2014 年 10 月底，中国持有美元存款总额为 1113 亿美元，较上月末增加 92 亿美元，环比增幅约为 9%，自 2014 年 8 月份以来连续三个月超过 1000 亿美元；持有美国股票总额为 3243 亿美元，自 2014 年 7 月份以来，中国持有的美国股票总额在 3200 亿美元上下小幅波动，10 月末略高于 3200 亿美元，增至 3243 亿美元。2014 年 7—10 月，中国持有的美元债券存量缓慢下降。截至 2014 年 10 月底，美元债券存量已降至 14789 亿美元，较上月下降 134 亿美元，环比降幅约为 0.9 个百分点。

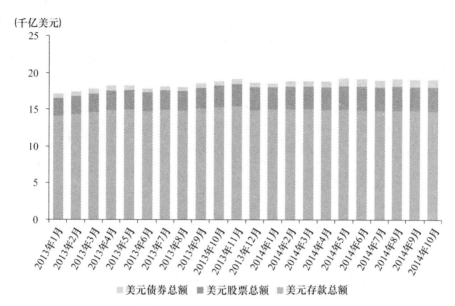

图3　2013年1月至2014年10月末中国持有美元金融资产种类及数额
资料来源：美国财政部网站。

二　中国持有美国金融资产存在的风险和问题

中国美元金融资产存在一些不容忽视的风险和问题，主要包括以下两个方面：

（一）长期债券比重过大，债券长短期限错配

图4显示了2013年1月至2014年10月中国所持有的美元长期债券占美元债券总额、美元金融资产总额和外汇储备总额的比重状况。从图4能明显看出，中国所持有的美元债券几乎全是长期债券。2014年10月底，长期债券占到中国美元债券存量的99.85%，短期债券占比微乎其微。此外，长期债券在中国整个境外美元资产池中的占比也明显偏高，占到中国美元金融资产总额的近八成，占中国外汇储备总额比重也有近四成。显然，中国美元资产存在严重的长短期限错配问题。

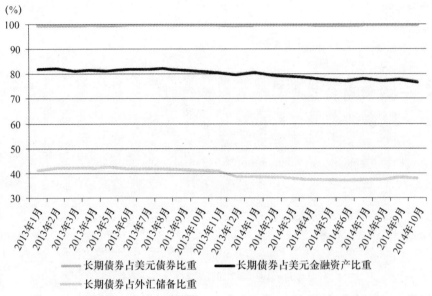

图4　长期债券占美元债券、美元金融资产和外汇储备比重

资料来源：国家外汇管理局，美国财政部网站。

中国美元资产的长短期限错配问题会带来两方面不利影响：一是长期债券占比过大降低了整体资产的流动性，有可能存在流动性不足的风险；二是长期债券易受到美国通货膨胀及美元贬值的不利影响。

（二）高收益类证券占比偏小，整体资产收益率偏低

图5显示了2013年1月至2014年10月末中国所持美元证券资产中债券和股票占比情况。如图5所示，2014年10月末，中国美元证券资产中债券占比为82.01%，股票占比为17.99%。短期来看，中国美元证券资产中股债比基本保持不变，长期来看，债券类资产略有下降，风险类资产（如股票）略有上升。但是，中国美元证券资产中债券类资产比重过高状况依然没有得到根本性扭转，说明中国境外金融资产配置策略仍偏于保守，缺乏必要的灵活性。

债券类资产（尤其是长期美国国债）占比过高的一个直接影响就是中国美元金融资产整体收益率严重偏低。图6显示了2013年1月1日至2014年10月31日半年期美国国债（代表短期国

债）、一年期美国国债（代表中期国债）、十年期美国国债（代表长期国债）收益率状况。从图6可以明显看出，2014年以来，长期美国国债收益率明显处于下行通道，10月份已降至2.2个百分点附近，收益率已经处于非常低的水平，中短期国债收益率同样明显处于低位。由于中国近八成美元金融资产是以长期美国国债的形式持有，由此可以推断，中国美元金融资产的整体收益率状况处于比较低的水平。

但与此同时，美国高收益类证券市场表现令人印象深刻。图7显示了2013年1月1日至2014年10月31日美国道琼斯工业平均指数收盘价、纳斯达克综合指数收盘价和标准普尔500指数收盘价走势情况。从图7可以看出，自2013年以来，美国三大股指上涨动力强劲。美国高收益类证券的良好表现，反映出中国美元金融资产的机会成本非常高。这部分收益损失同时也体现为中国国民财富的净损失。

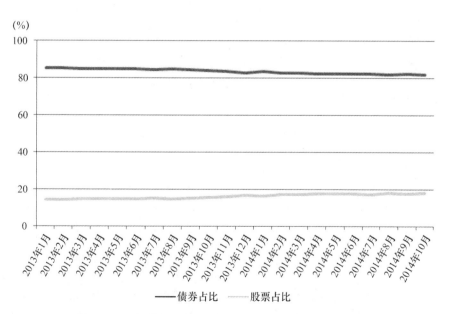

图5　2013年1月至2014年10月我国所持美元证券资产中债券和股票占比

资料来源：美国财政部网站。

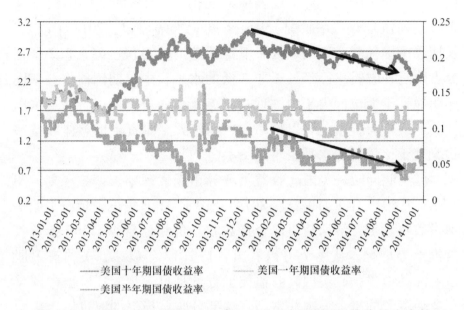

图6　2013 年 1 月 1 日至 2014 年 10 月 31 日美国国债收益率走势
资料来源：Wind 数据库。

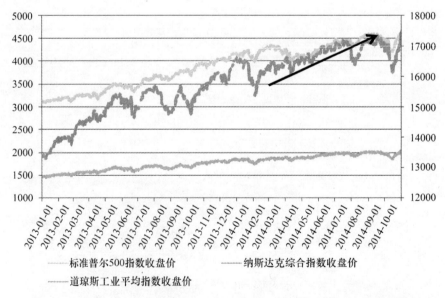

图7　2013 年 1 月 1 日至 2014 年 10 月 31 日美国三大股指走势
资料来源：Wind 资讯。

三　关于改善中国对外间接投资状况的政策建议

针对当前中国境外金融资产存在的资产配置不合理、整体收益率偏低等问题，我们提出以下政策建议：

1. 适当增持美元资产，但要调整优化美元资产结构。具体来看，当前及未来相当长一段时间内，美元资产都具有比较高的投资价值，原因有如下几点：（1）美国经济复苏势头较为强劲，消费市场、就业市场和企业盈利状况均比较显眼，诸多证据表明美国经济将延续当前的复苏态势，预期美国风险资产（高收益类证券）未来将会有比较好的表现；（2）欧洲、日本经济前景难言乐观，当前欧洲正面临人口结构老龄化、失业率严重、主权债务违约风险、地缘政治风险以及极端恐怖主义威胁等重重困难，再加上欧洲央行所实行的量化宽松货币政策给欧洲经济带来的提振作用十分有限，欧洲经济衰退远没有看到尽头，复苏之路依然漫长。日本的情况也难言乐观，安倍政府推行的一系列经济刺激政策和结构改革举措迟迟达不到预期效果，显示日本经济面临的结构性问题短期内无法得到根本性解决，其未来经济前景亦比较暗淡。

因此，美元资产相较欧洲和日本资产更有投资价值，应当考虑适当增持美元资产，同时，要调整和优化美元资产结构，具体来说，适当减持部分美元债券（尤其是长期美国国债），在风险可控的范围内增持部分股票等高收益类证券，改善中国美元资产整体收益状况。

2. 改善中国美元债券长短期限错配问题。长期以来，中国美元债券资产存在的一个突出问题就是长期债券（尤其是长期美国国债）比重过高。随着美国经济复苏进程加快及通货膨胀预期加强，美联储已步入加息通道，中国所持有的巨额长期美国国债面临较大的减值风险，因此，中国应当减持部分长期美国国债，由于中国持有的长期美国国债数额较大，贸然大幅减持势必会引起市场恐慌，不但会威胁余量债券市场价值，还会带来不必要的政治和外交麻烦，一个可行的做法是在不过分影响余量债券价值的前提下渐次有序减持长期美国国债，避免中国持有的美元资产自身受到较大的减值损失。

3. 利用过剩外汇储备适当增加石油等战略资产储备。2014年下半年以来，国际市场原油价格"跌跌不休"，近期已跌至50美元低位，预计国际油价这一波下跌行情持续时间不会很长，中国要抓住这一波油价下跌的有利时机，利用过剩的外汇储备增加非再生类战略资源储备，如石油、矿石资源、稀有金属等，满足国民经济建设对战略性物资的长远需求。

4. 要从根本上解决中国外汇储备过剩的问题，还是要加快向"藏汇于民"转变，不断改革外汇管理制度，逐步放开对国内企业和居民持有外汇资产的限制，避免因外汇资产过度集中于央行造成外汇风险过度集中。另外，要进一步放松资本管制，增强人民币汇率波动弹性，弱化人民币汇率单边升值预期，避免资本单向流入造成外汇储备增长过快。鼓励企业开展对外直接投资和证券资产投资，国家外汇储备可通过发放委托贷款方式，加大对开展境外直接投资的国内企业，特别是民营企业的资金支持力度。同时，中国可考虑在养老、能源领域设立主权财富基金，在全球范围内开展另类投资，以提高外汇储备的投资回报。

附表　　　　　　　　　　中国持有的美国金融资产　　　　　单位：亿美元

日期（月末）	存款	证券总额	证券						
			股票	长期债券			短期债券		
				国债	机构债	公司债	国债	公司债	机构债
2013年1月	591	16548	2399	12084	1771	235	58	0.39	0.42

续表

日期 (月末)	存款	证券							
		证券 总额	股票	长期债券			短期债券		
				国债	机构债	公司债	国债	公司债	机构债
2013 年 2 月	579	16849	2448	12468	1645	236	51	0.63	0.41
2013 年 3 月	706	17200	2564	12651	1692	239	52	0.62	0.54
2013 年 4 月	710	17582	2607	12860	1820	246	47	1.41	0.45
2013 年 5 月	642	17627	2647	12900	1763	241	74	1.25	0
2013 年 6 月	384	17349	2605	12721	1740	234	46	1	2
2013 年 7 月	512	17680	2727	12747	1918	238	46	3.54	0
2013 年 8 月	528	17565	2645	12660	1999	237	21	3.23	0
2013 年 9 月	612	17974	2745	12915	2051	237	22	2.51	0
2013 年 10 月	634	18314	2894	13023	2127	243	22	3.51	0

续表

日期 （月末）	存款	证券							
		证券 总额	股票	长期债券			短期债券		
				国债	机构债	公司债	国债	公司债	机构债
2013 年 11 月	645	18521	2985	13123	2122	243	44	3.60	0
2013 年 12 月	463	18037	3050	12642	2041	243	58	3	0
2014 年 1 月	561	18034	2954	12722	2078	244	34	2	0
2014 年 2 月	730	18201	3112	12709	2111	245	20	4	0
2014 年 3 月	748	18163	3127	12702	2065	244	19	6	0
2014 年 4 月	837	18089	3152	12606	2062	235	26	8	0
2014 年 5 月	1046	18233	3191	12632	2089	236	76	9	0
2014 年 6 月	1099	18148	3184	12604	2034	238	80	8	0
2014 年 7 月	980	18048	3128	12626	2035	231	23	5	0

日期（月末）	存款	证券							
		证券总额	股票	长期债券			短期债券		
				国债	机构债	公司债	国债	公司债	机构债
2014 年 8 月	1066	18153	3244	12676	1977	229	21	6	0
2014 年 9 月	1021	18090	3167	12648	2029	225	15	6	0
2014 年 10 月	1113	18032	3243	12513	2028	226	14	8	0

注：在统计过程中，会对数据进行微调和修正但变化基本在个位数之间，不会影响基本结论。

下 篇

2014 年中国跨境资本流动季度报告

2014 年第二季度中国跨境
资本流动报告

刘洁①

摘　　要

2014 年第一季度中国跨境资本流动的主要特点包括：第一，经常账户顺差大幅缩减，货物贸易顺差大幅收窄成主因；第二，外国在华净投资收益环比大幅减少；第三，资本与金融账户顺差收窄但总体流入规模依然较大；第四，直接投资净流入额触顶回落，外国对华直接投资与中国对外直接投资净额环比双双下降；第五，证券投资顺差环比小幅回落，境外对华证券投资净流入额环比下跌，中国对外证券投资持续出现资金回流；第六，其他投资净流入额继续下降，境外对华其他投资与中国对外其他投资净额环比均有所下降；第七，外汇储备增量环比企稳，同比显著放缓。

造就 2014 年第一季度中国跨境资本流动新特点的主要原因包括：首先，国际市场出现暂时性波动，但影响有限，外部风险

---

① 本报告是中国社会科学院世界经济与政治研究所国际投资研究室的集体研究成果之一。执笔人为刘洁。参加讨论的人员包括姚枝仲、张明、王永中、张金杰、李国学、潘圆圆、韩冰、王碧珺、陈博、刘洁等。

偏好依然较强，跨境资本流入压力依然较大；其次，人民币开始加速贬值且贬值预期渐强，抑制了套利资金的流入与中国对外投资的规模；再次，中美利差继续吸引外资流入，但利差收窄导致吸引力降低；最后，国内经济疲软，外商来华直接投资与中国对外直接投资双双下降。

展望未来的 BOP，我们预计：其一，未来中国经常账户顺差将有所回升，但大幅顺差难以重现；其二，资本与金融账户顺差将进一步收窄。

一　2014 年第一季度中国跨境资本流动的主要特点

2014 年第一季度，中国国际收支依然呈现"双顺差"格局，至此已连续六个季度维持双顺差，表明中国的跨境资本流入压力依然较大。其中，经常账户顺差 70 亿美元，顺差额环比和同比来看均有显著下降。资本与金融账户顺差 940 亿美元，顺差额环比收窄，但同比已基本企稳。

（一）经常账户顺差大幅缩减，货物贸易顺差大幅收窄成主因

经常账户顺差值达到近三年以来的最低值，环比下降幅度高达 84.1%，同比也大幅下跌了 85.3%。具体来看：

货物贸易顺差环比大幅缩减 65.1%，同比也缩减了 40.1%。环比缩减幅度较大主要是受春节假期影响（假期于 1 月 31 日开始），放假期间企业停工，并且一些企业开工较晚，导致第一季度中国出口锐减。由进出口数据可知 2 月份出现了 230 亿美元的贸易逆差，逆差幅度之大严重超预期，而历史数据也证明历年一季度的货物贸易顺差值都是年内低点（图 1）。同比来看，尽管货物贸易顺差的缩减比率也较大，但主要为基数效应，因 2013 年一季度贸易有大量水分。2013 年年底外管

局又下发44号文，继续遏制无真实交易背景的虚假贸易融资行为，防范异常外汇资金跨境流动，因此2014年第一季度的贸易顺差水平较为符实。总体来看货物贸易顺差回落于合理区间内，不必过度悲观。

服务贸易逆差有所扩大，环比扩大了22.4%，主要是因为春节期间出境游增加，导致旅游项目逆差值达到235亿美元的历史高位。整体来看"货物贸易顺差、服务贸易逆差"的态势继续维持，且服务贸易逆差有逐年扩大的趋势（图1），特别是保险、金融等项目占比较低，反映出中国知识密集型产业的出口规模还有待提高。

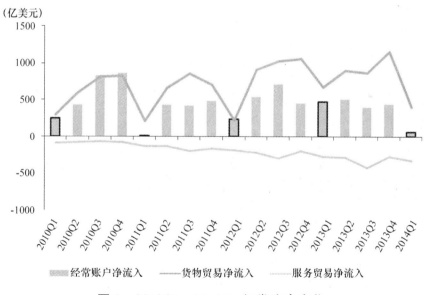

图1　2010Q1—2014Q1 经常账户变化

注：黑色边框的柱形图代表历年第一季度经常账户顺差。

资料来源：国家外汇管理局与IIS。

收益项由历史最大逆差转为小幅顺差，该项目下的净投资收益逆差环比大幅收窄，其中外国在华净投资收益大幅减少是主要影响因素，同时中国对外净投资收益也有较大幅度增加（见图2）。

造成外国在华净投资收益大幅减少的原因主要是：2013年第四季度人民币汇率市场已有较强的贬值预期，导致外国在华投资所得的大量留置利润集中汇回，以规避即将到来的汇率风险，这一点从2013年第四季度外国在华净投资收益达到历史最大顺差可以证明①。而人民币兑美元汇率自2014年1月份开始大幅贬值（见图3），此时外国投资者减少了利润汇回规模，造成第一季度外国在华净投资收益大幅减少，环比下跌39.7%。

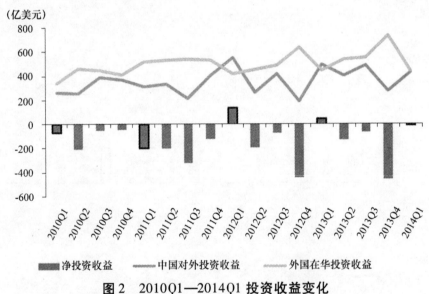

（亿美元）

图2   2010Q1—2014Q1 投资收益变化

注：黑色边框的柱形图代表历年第一季度的净投资收益。

资料来源：国家外汇管理局与IIS。

事实上，本次净投资收益项的剧烈波动与2013年第一季度非常类似。当时也是由于2012年第四季度人民币兑美元汇率开

---

① 《2013年第四季度中国跨境资本流动报告》，中国社科院世经政所国际投资研究室国际投资研究系列（IIS）。

始出现贬值预期，导致年底留置利润大量汇回，致使 2013 年第一季度外国在华净投资收益环比出现大幅下跌态势。

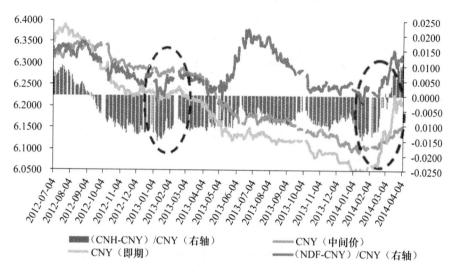

图3　人民币兑美元汇率走势及预期

注：圆圈部分标示了 2013 年第一季度与 2014 年第一季度的汇率走势。

资料来源：Wind、Bloomberg 与 IIS。

（二）资本与金融账户顺差环比收窄但总体流入规模依然较大，该项目下的直接投资、证券投资与其他投资顺差额均较上一季度有显著下降

2014 年第一季度资本与金融账户顺差环比下跌 26%，其中直接投资与其他投资顺差环比下降是主要影响因素。同比来看，顺差额基本企稳，但结构出现显著变化，直接投资与证券投资净流入额所占比重上升，而其他投资顺差占比显著下降。另外，净误差与遗漏项由上一季度的历史最大净流出转为净流入（见图4）。

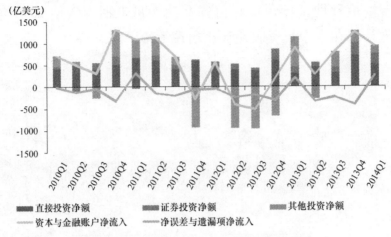

图4   2010Q1—2014Q1 资本项目变化

资料来源：国家外汇管理局与 IIS。

直接投资净流入额触顶回落，外国对华直接投资与中国对外直接投资净额环比双双下降。

2013 年第四季度直接投资净流入额达到历史最高点，但 2014 年第一季度该顺差额显著回落至 537 亿美元，不过同比仍有 68.3% 的大幅提升。具体来看，外国对华直接投资净流入额环比下降 29.5%，同比仍上浮 24%，中国对外直接投资净流出额环比下跌 38.7%，同比也大幅下跌 41.3%（见图5）。

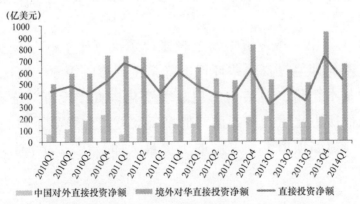

图5   2010Q1—2014Q1 直接投资净额构成

资料来源：国家外汇管理局与 IIS。

证券投资顺差环比小幅回落，境外对华证券投资净流入额环比下跌，中国对外证券投资持续出现资金回流。

2014年第一季度证券投资净流入额环比小幅回落了42亿美元，但仍处于历史高位。其中，境外对华证券投资净额环比下降21.7%（主要是股本证券投资环比大幅下跌55.6%），同比上升了21.2%（主要是债务证券投资同比增加了44%），反映出境外对中国的风险偏好下降。中国对外证券投资继续呈现资金回流态势，且回流规模由上一季度的2亿美元扩大至本季度的18亿美元，这主要是由于中国对外的中长期债券投资出现了较大规模资金回流（见图6）。

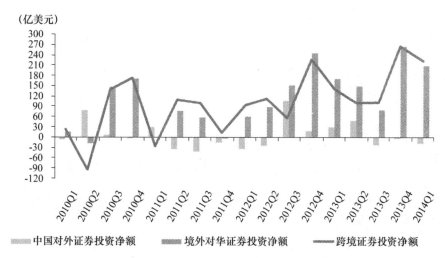

图6　2010Q1—2014Q1 证券投资净额构成

资料来源：国家外汇管理局与IIS。

其他投资净流入额继续下降，境外对华其他投资与中国对外其他投资净额环比均有所下降。

2014年第一季度其他投资项的净流入额下降明显，环比下降34.6%，同比来看下跌幅度高达58.1%。具体来看，境外对华其他投资与中国对外其他投资净额环比均有所下降。同比来看，境外对华其他投资净额小幅下跌，但中国对外其他投资净额有显著增加，增幅高达 63.7%（见图 7），这主要是由于中国对外货币和存款的大幅增加所致。受人民币贬值影响，第一季度中国对外货币和存款已达到近 7 个季度以来的最高点（见图 8）。

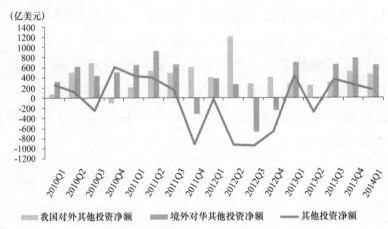

图 7　2010Q1—2014Q1 其他投资净额构成

资料来源：国家外汇管理局与 IIS。

环比来看中国对外其他投资项的结构可知，2014 年第一季度中国对外货币和存款大幅提升，贸易信贷由流出转为流入并出现历史最大幅度的资金回流，长期贷款稍有回落，短期贷款由流入转为流出（见图 8）。

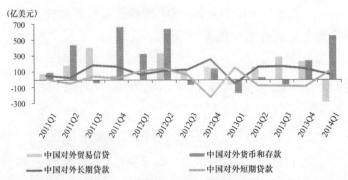

图 8　2011Q1—2014Q1 中国对外其他投资项结构

资料来源：国家外汇管理局与 IIS。

环比来看外国对华其他投资项的结构可知，2014年第一季度外国对华货币和存款有所增加，贸易信贷回收规模创下近五年来的最大记录，长期贷款收支基本相抵，短期贷款创历史最高纪录（见图9）。

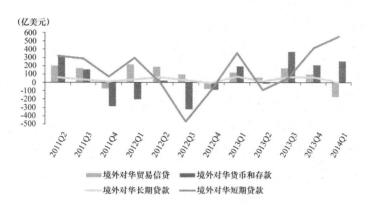

图9 2011Q1—2014Q1 境外对华其他投资项结构
资料来源：国家外汇管理局与IIS。

（三）外汇储备增量环比企稳，同比显著放缓

2014年第一季度中国储备资产增加1255亿美元，其中外汇储备增加1258亿美元，环比基本企稳，但同比增量放缓了20%（见图10）。

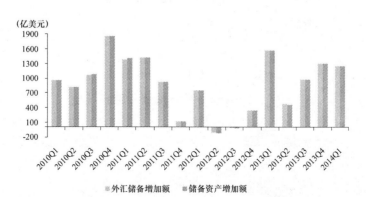

图10 2010Q1—2014Q1 外汇储备变化
资料来源：国家外汇管理局与IIS。

二 2014 年第一季度中国跨境资本流动原因分析

（一）国际市场出现暂时性波动，但影响有限，外部风险偏好依然较强，跨境资本流入压力依然较大

受美国继续缩减 QE 规模以及乌克兰危机等事件影响，国际市场避险情绪在一季度初期显著上升，2 月初 VIX 指数曾一举突破 20，但迅速回落至较低水平，显示危机事件的影响有限，国际机构投资者的风险偏好依然较强。从经济基本面来看，2014 年第一季度美欧经济稳步复苏，美国非农就业数据表现良好，欧洲也继续保持宽松的货币政策，由泰德利差显示的第一季度外部融资环境未见紧张，因此中国的跨境资本流入规模依然较大（见图 11）。

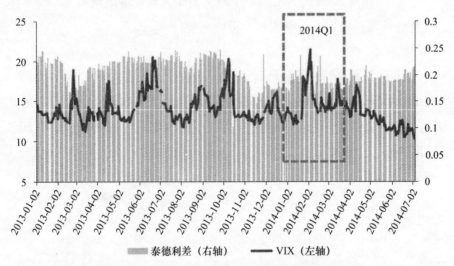

图 11 国际市场避险情绪和融资环境

注：市场波动率 VIX 指数根据标普 500 指数期权的隐含波动率计算，数值越高说明市场恐慌情绪越重；泰德利差为 3 月份伦敦银行间同业拆借市场（LIBOR）美元利率和同档美国国债收益率之差，主要反映市场资金状况，差距扩大说明市场资金趋紧，银行借贷成本提高。

资料来源：Wind 与 IIS。

（二）人民币开始加速贬值且贬值预期渐强，抑制了套利资金的流入与中国对外投资的规模

人民币兑美元汇率自今年开始结束了一直以来的单边升值态势，并于 2014 年 2 月份加速贬值。与此同时，人民币兑美元即期汇率与离岸市场上的价差不断收窄，并在第一季度末期出现较强的贬值预期，NDF 市场上也显示远期升水扩大，表明人民币贬值预期加强（见图 12）。

人民币出现贬值首当其冲的影响是对跨境套利资金的挤出效应，第一季度证券投资与其他投资净流入额均较上一季度有所下滑。此外，人民币贬值还在一定程度上抬高了中国对外投资的成本，从而抑制或延缓了中国对外投资，甚至造成一部分资金回流。

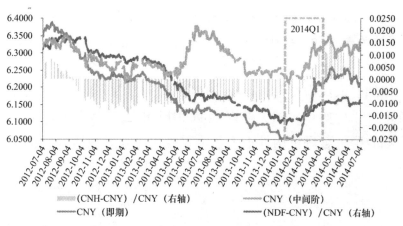

图 12　人民币兑美元汇率走势及预期

资料来源：Bloomberg，Wind 与 IIS。

（三）中美利差继续吸引外资流入，但利差收窄导致吸引力降低

2014 年第一季度中美利差仍然显著，对跨境套利资金的流入继续产生吸引作用，推动了中国对外负债的增加，第一季度境外对华短期贷款再创历史新高。不过，受第一季度美国国债利率上浮的影响，中美利差已显著收窄，以中美 1 年期国债收益率的差

额为例，该利差已由年初的 4.03 降至第一季度末的 2.98，因此对跨境套利资金的吸引力在降低（见图 13）。

图 13　中美利差

注：本文所用中美利差为中国与美国 1 年期国债收益率的差额。
资料来源：Wind 与 IIS。

伴随着人民币贬值，市场主体的持汇意愿渐强，企业也开始进行资产外币化操作，相关数据表明 2014 年二三月份银行结售汇顺差大幅收窄，金融机构外汇占款增量也出现显著放缓（见图 14）。

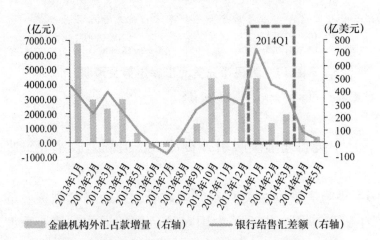

图 14　金融机构外汇占款增量与银行结售汇差额

资料来源：Wind 与 IIS。

（四）国内经济疲软，外商来华直接投资与中国对外直接投资均有所下滑

国内经济下滑趋势严峻，一是国内反腐行动继续抑制着政府消费行为，二是地方债务问题仍未得到显著改善，三是中国房地产市场萎靡不振，房地产投资仍然对经济产生拖累。因此，第一季度经济增速创历史新低，PMI 指数走低并一度逼近荣枯点，显示未来经济增长的动能很弱，全年经济依然面临下行风险，造成外商来华直接投资与中国对外直接投资均有下降。

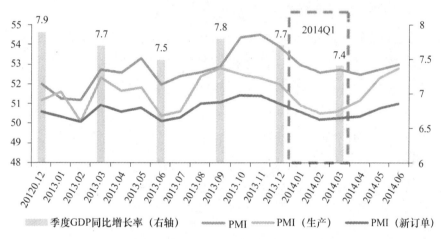

图15　季度 GDP 增长率与制造业 PMI

资料来源：Wind 与 IIS。

三　对中国跨境资本流动的中期展望

（一）未来中国经常账户顺差将有所回升，但大幅顺差难以重现

随着美国极寒天气等负面影响因素消除，美国经济复苏势头向好，下半年将加快复苏。日本方面，尽管经济数据表现欠佳，

但安培推行的"提高女性劳动参与率"与"涨薪"等结构化改革政策在劳动力市场初见成效。预计欧洲货币政策也将进一步放松,欧洲经济持续复苏。总体来看,美日欧经济复苏较为强劲,外需继续改善将对中国出口产生拉动作用,加之春节假期的负面影响消除,因此预计,未来中国经常账户顺差将有所回升。

然而,央行于今年3月15日宣布将人民币兑美元汇率波幅由1%增大到2%,这意味着未来汇率将呈现双边波动且波幅加大。实际上第二季度人民币兑美元汇率已开始走稳(见图12),预计未来人民币汇率单边贬值的机率较小,因此汇率贬值对中国出口的拉动作用有限,经常账户不会出现大规模顺差。

(二)资本与金融账户顺差将进一步收窄

随着汇率的波动风险加大与中美利差的进一步收窄,未来跨境套利资金将显著减少。金融机构外汇占款增量与银行结售汇顺差均从今年2月份开始出现显著放缓(见图14),最新数据显示,2014年6月份金融机构外汇占款余额结束了过去十个月连续增长的态势,首次出现了负增长,意味着第二季度中国面临着一定规模的资本外流。预计未来中国的资本项目顺差仍将进一步收窄,特别是非直接投资项目的净流入额将显著放缓。

2014 年第三季度中国跨境
资本流动报告

赵奇锋、刘洁[①]

摘　　要

2014 年第二季度中国跨境资本流动的特点包括：第一，经常账户顺差激增，达到 2012 年第四季度以来的最高水平，扭转了一季度经常账户顺差大幅收窄的趋势，货物贸易顺差大幅走高是第二季度经常账户顺差显著扩大的主要原因，服务贸易逆差较第一季度有所收窄；第二，外国在华净投资收益环比出现小幅回升；第三，资本和金融账户结束连续 6 个季度的顺差，转为逆差，在当前国内外经济金融形势复杂多变的背景下，这次资本净流出现象应当引起密切关注；第四，直接投资净流入额延续第一季度的回落趋势，其中，中国对外直接投资净额触底回升，外国对华直接投资净额仍处于下行通道，但降幅较第一季度有所收窄；第五，证券投资净流入环比继续回落，降幅较第一季度有所扩大；第六，其他投资项出现资本净流出且净流出规模较大，结

①　本报告是中国社会科学院世界经济与政治研究所国际投资研究室的集体研究成果之一。执笔人为赵奇锋与刘洁。参加讨论的人员包括姚枝仲、张明、王永中、张金杰、李国学、潘圆圆、韩冰、王碧珺、陈博、刘洁、黄瑞云、赵奇锋等。

束了连续 3 个季度资本净流入的态势，国内投资者资本外流是第二季度其他投资项出现较大资本净流出的主要原因；第七，中国外汇储备总额继续增加，但增幅显著降低，创下自 2012 年第四季度以来的最小单季增幅。

2014 年第二季度中国跨境资本流动的主要原因包括：第一，外部经济环境有所改善，主要是发达国家经济企稳并出现温和复苏的势头，尤其是美国经济复苏超出预期，进而带动整个发达市场经济转暖，这种经济向好趋势传导到外需市场，刺激了我国第二季度出口，另外，由于近期全球能源价格持续走低，中国进口成本下降，导致第二季度进口偏弱，两种因素叠加拉高了我国第二季度经常账户顺差；第二，上半年政府密集出台的一系列外贸稳增长政策效果逐渐显现；第三，人民币汇率形成机制市场化改革稳步推进，汇率双向波动成为常态，有效遏制了跨境套利资本的涌入；第四，国内经济疲软态势短期难以扭转，投资者悲观情绪上升，资本流出苗头显现；第五，美联储量化宽松货币政策逐渐退出，升息步伐加快，中美利差收窄，美元指数触底回升，美元重回强势，跨境投机性资本获利空间缩小；第六，上半年全球地缘政治冲突不断，地区安全形势不断恶化，全球投资者风险规避程度有所强化。

一　2014 年第二季度中国跨境资本流动的特点

2014 年第二季度，中国经常账户顺差在第一季度触底后，大幅攀升至 2012 年第四季度以来的最高水平，达到 734 亿美元。与此同时，资本和金融账户却出现了 162 亿美元的逆差，终结了连续 6 个季度资本净流入的趋势。在当前国内外经济金融形势复杂多变的背景下，这种状况应当引起密切关注。

（一）货物贸易顺差扩大拉高经常账户顺差

图 1 显示了 2011 年第一季度至 2014 年第二季度中国经常账

户及其构成的变化情况，2014年第二季度，中国经常账户顺差达到创纪录的734亿美元，同比增长44.2%，环比增幅更是高达948.6%。具体来看：

货物贸易顺差高达1089亿美元，环比增幅达169.6%，中国第二季度货物贸易顺差的大幅攀升主要是由于当季对外出口增长较大，以及进口成本下降。受益于外部经济环境的明显改善，外需市场逐渐回暖，中国对外出口一扫第一季度的颓势，其中，4月份货物出口总值1884.62亿美元，同比增长0.8%；5月份货物出口总值1954.46亿美元，同比增长7%；6月份货物出口总值为1867.89亿美元，同比增长7.2%[①]。第二季度中国外贸出口形势明显回暖，综合来看有内外两方面的因素在起作用。从外部来看，今年以来，美、欧、日等发达国家经济逐渐企稳，温和复苏势头确立，尤其是美国经济超预期复苏势头较为强劲，这对中国第二季度的出口起到了相当大的推动作用。从国内来看，中国经济结构调整在平稳有序进行，上半年密集出台的一系列结构性改革措施逐渐发挥功效，尤其是中央政府出台的一系列外贸稳增长政策举措，给中国第二季度外贸出口带来了利好。此外，由于中国的进口中有相当部分是能源类大宗商品，2014年上半年全球能源类大宗商品价格持续走低压低了中国进口成本，出口增加与进口成本下降综合作用使中国第二季度货物贸易顺差大幅扩大，进而拉高了中国第二季度经常项目顺差。

服务贸易逆差在第二季度有所收窄，环比下降9%。整体上看，中国"货物贸易顺差，服务贸易逆差"的态势短期内不会有明显改变，中国亟须加快服务业发展，提高服务业竞争力，尤其是金融和保险服务业的竞争力。

---

① 2014年第二季度货物出口数据来源于中国海关统计月报。

收益项在第二季度延续了第一季度的顺差趋势，但顺差规模相较第一季度有所收窄，环比下降约33%。其中，净投资收益逆差和经常转移逆差规模环比均有所扩大。

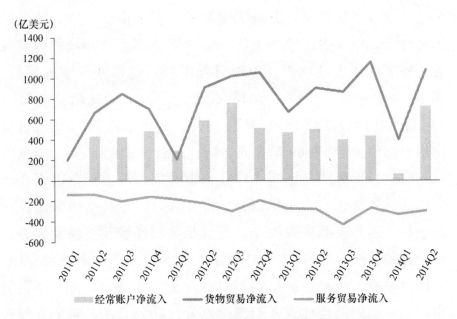

图1 2011Q1—2014Q2 经常账户及其构成变化情况

资料来源：国家外汇管理局，IIS。

（二）资本与金融账户由顺差转为逆差，其他投资项出现巨额资本净流出成主因

2014年第二季度中国资本与金融账户出现162亿美元的逆差，终结了连续6个季度资本净流入的态势，主要原因在于第二季度其他投资项出现巨额资本净流出，再加上当季直接投资流入净额和证券投资流入净额环比均出现下降，从而带动中国资本与金融账户转为逆差（如图2）。

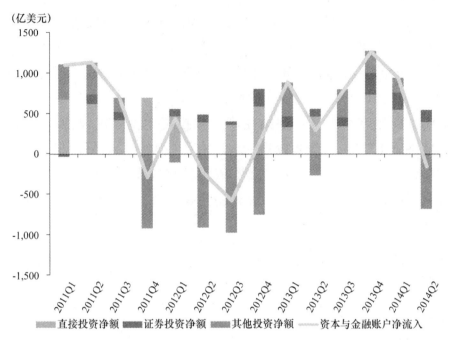

图2 2011Q1—2014Q2 资本项目变化

资料来源：国家外汇管理局，IIS。

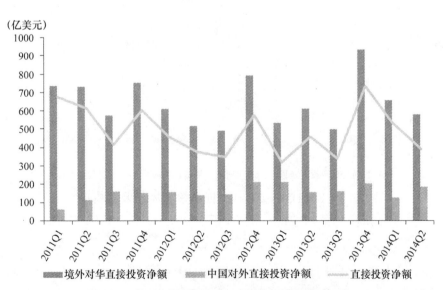

图3 2011Q1—2014Q2 直接投资及其构成

资料来源：国家外汇管理局，IIS。

图 3 显示了 2011 年第一季度至 2014 年第二季度直接投资及其构成的变化情况。2014 年第二季度，中国直接投资净流入延续第一季度的下滑趋势，环比下降 26.8%。中国对外直接投资止跌回升，环比增长近五成，同比增长 19.1%，反映出中国对外直接投资活跃度有所上升。外国在华直接投资净流入规模持续下滑，环比下降 12.3%，降幅较第一季度有所收窄，逐渐显现出企稳的态势，说明中国对外商直接投资依然具有较强的吸引力。近来中国吸引外商直接投资出现下滑势头只是一种暂时性的现象，不是长期趋势。

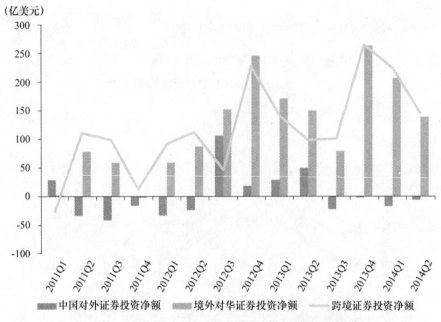

图 4　2011Q1—2014Q2 证券投资净额及其构成

资料来源：国家外汇管理局，IIS。

图 4 显示了 2011 年第一季度至 2014 年第二季度中国跨境证券投资情况。2014 年第二季度，中国证券投资保持净流入态势，但净流入规模继续收窄，环比下降 34.5%，其中，中国对外证券投资继续资金净回流，回流规模较第一季度有所收窄。分类型来

看，主要是由于股本证券出现较明显的资金净回流，而债务证券则出现资金净流出。境外对华证券投资净流入环比继续下降，其中境外对华债务证券投资净流入在第二季度骤降至 47 亿美元，环比下降 64.1%，而境外对华股本证券投资净流入则有小幅增加。

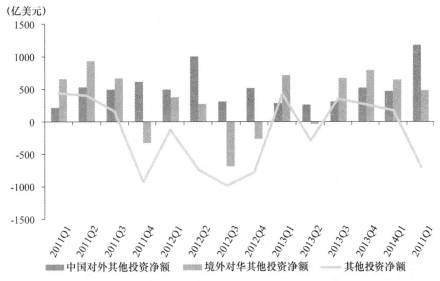

图5　2011Q1—2014Q2 其他投资净额及其构成

资料来源：国家外汇管理局，IIS。

图5 所示为 2011 年第一季度至 2014 年第二季度我国国际收支中其他投资项及其构成的变化情况。2014 年第二季度，其他投资项出现近 700 亿美元的净流出，主要原因是第二季度我国对境外其他投资净额飙升至 1176 亿美元，创下历史最高水平，环比涨幅达 153%，同比涨幅高达 361%，而与此同时，境外对华其他投资净额环比下降 25.2%，已经连续两个季度出现下滑。

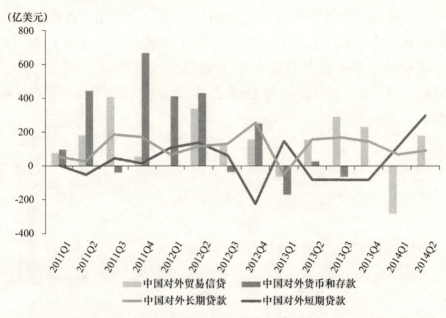

图6　2011Q1－2014Q2 中国对外其他投资及其构成

资料来源：国家外汇管理局，IIS。

图6 显示了 2011 年第一季度至 2014 年第二季度中国对外其他投资及其构成的变化情况。2014 年第二季度，中国对外其他投资项出现近 700 亿美元的逆差。具体来看，我国对外贸易信贷由第一季度的净流入转为第二季度的净流出，单季净流出 176 亿美元；对外长期贷款依然保持净流出态势，单季净流出 87 亿美元，规模较第一季度有所扩大；对外短期贷款净流出规模接近 300 亿美元，环比增长近 2 倍；对外货币和存款连续 3 个季度净流出，第二季度净流出规模较第一季度有所扩大。

（亿美元）

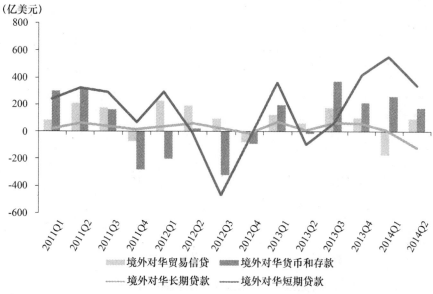

图7 2011Q1—2014Q2 境外对华其他投资及其构成

资料来源：国家外汇管理局，IIS。

图7显示了2011年第一季度至第二季度境外对华其他投资及构成变化情况。2014年第二季度，境外对华其他投资继续保持资金净流入态势，但是，净流入规模有所下降，单季净流入481亿美元，环比下降25.2%。具体来看，第二季度境外对华贸易信贷净流入92亿美元，扭转了第一季度净回流的态势；境外对华长期贷款净回流124亿美元，创下单季净回流规模最高历史纪录，在美联储量化宽松货币政策逐渐退出的背景下，这一新趋势值得关注；境外对华短期贷款实现净流入340亿美元，连续4个季度保持净流入，但净流入规模较第一季度有所下降；境外对华货币和存款继续净流入，但净流入规模环比下降34.2%。

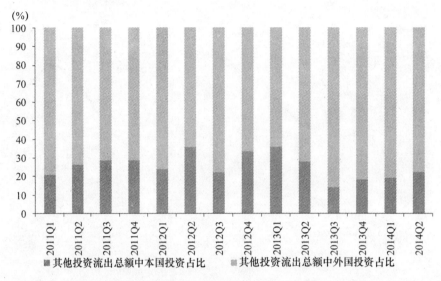

图 8　其他投资流出总额中本国和外国投资占比

资料来源：国家外汇管理局，IIS。

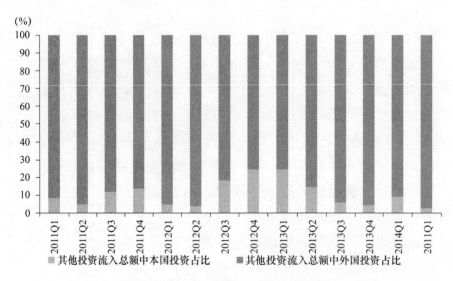

图 9　其他投资流入总额中本国和外国投资占比

资料来源：国家外汇管理局，IIS。

　　图 8 和图 9 分别显示了 2011 年第一季度至第二季度中国其他投资流出总额和流入总额中本国投资和外国投资占比情况。2014

年第二季度，其他投资流出总额中本国投资占比约为 22.66%，较第一季度上升约 3 个百分点，其他投资流入总额中本国投资占比约为 2.47%，较第一季度下降约 6.5 个百分点。综合图 5、图 8 和图 9，2014 年第二季度其他投资逆差扩大主要是由于本国投资者资本流出增加造成的。

（三）中国外汇储备总额逼近四万亿美元大关，外汇储备增加额出现大幅下降

图 10 显示了 2011 年第一季度至第二季度中国外汇储备总额及外汇储备增加额的变化趋势。2014 年第二季度，中国外汇储备增加 228 亿美元，外汇储备增加额同比下降 51.6%，环比下降 81.9%。外汇储备总额达到约 39932 亿美元，距四万亿美元大关只有一步之遥，已经远远高于外汇储备规模的正常合理区间。

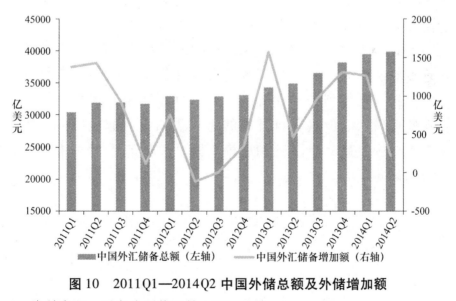

图 10　2011Q1—2014Q2 中国外储总额及外储增加额

资料来源：国家外汇管理局，IIS。

二　2014 年第二季度中国跨境资本流动原因分析

（一）外部宏观经济形势企稳向好，发达国家经济现回升势头，外需开启带动中国第二季度出口强劲增长

图 11 显示了美国、欧元区（18 国）① 和日本世界三大经济体 2009 年第一季度至第二季度实际 GDP 同比增长率走势。2014 年第二季度，美国经济扩张趋势最为明显，当季美国实际 GDP 同比增长 2.6%，增幅较第一季度扩大 0.7 个百分点，显示美国经济复苏势头较为强劲，给我国第二季度出口带来明显提振；欧元区实际 GDP 同比增长 0.7%，虽然增速较第一季度有所放缓，但欧元区经济已连续 3 个季度处于增长区间，显示欧元区经济企稳势头加固，预计未来欧元区经济将逐步回暖，由于欧元区是中国最大的贸易伙伴，因此，欧元区经济实现企稳回升对中国外贸出口的提振作用巨大；日本经济第二季度出现零增长，虽然安倍政府采取种种举措试图提振日本经济②，但日本经济依旧没有摆脱颓势，日本经济所面临的长期结构性问题依然没有得到根本性解决，未来日本经济实现强劲增长的可能性比较低。虽然来自日本的需求仍旧没有起色，但由于日本对于中国出口的重要性在逐渐下降，总体来看对于中国外贸出口的影响不大。

---

①　欧元区（18 国）包括：德国、法国、意大利、荷兰、比利时、卢森堡、爱尔兰、西班牙、葡萄牙、奥地利、芬兰、希腊、斯洛文尼亚、塞浦路斯、马耳他、斯洛伐克、爱沙尼亚、拉脱维亚。

②　日本现任首相安倍晋三上台伊始祭出振兴日本经济的"三支箭"，包括推出大规模量化宽松政策，推动日元贬值，进而促进日本出口；实施积极的财政政策，扩大公共支出；实施结构性改革。

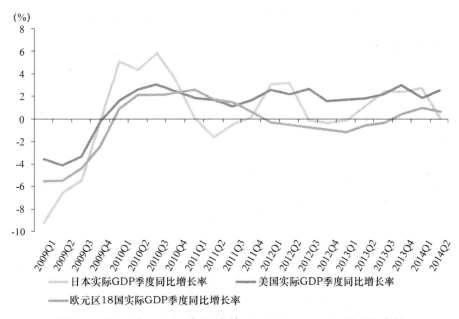

(%)

图11　美、欧、日三大经济体 2009Q1—2014Q2 经济走势

资料来源：经济合作与发展组织（OECD）数据库。

（二）外贸稳增长政策效果逐渐显现

2014 年上半年，中央政府出台多项外贸稳增长政策。4 月 30 日国务院常务会议决定，将扶持服务贸易发展，扩大服务进出口，优化外贸结构，支持进口先进技术设备、关键零部件，合理增加与群众生活密切相关、必要的一般消费品进口，同时进一步减少出口商检商品种类，提高贸易便利化水平，进一步加快出口退税进度，加强出口信用保险支持，扩大出口信用保险规模和覆盖面。5 月 15 日，国务院出台稳定外贸增长的政策细则，提出将进一步加强进口，扩大国内短缺资源进口及扩大原油进口渠道，同时稳定传统优势产品出口，保持货物贸易稳定增长，支持服务贸易发展，并进一步完善人民币汇率市场化形成机制，推进跨境贸易人民币结算，完善出口退税政策[1]。

① 笔者根据路透社整理。

（三）人民币汇率形成机制市场化改革稳步推进，汇率双向波动成为常态，跨境套利逐渐消退

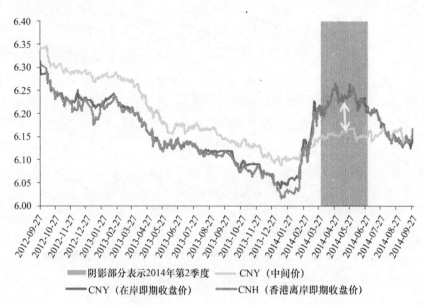

图12　人民币兑美元（RMB/USD）的汇率走势

资料来源：Wind，IIS。

图 12 显示了 2012 年 9 月 27 日至 2014 年 9 月 27 日人民币兑美元汇率（在岸中间价、在岸即期收盘价、香港离岸市场即期收盘价）走势，阴影部分为 2014 年第二季度人民币汇率走势。值得注意的是，如果人民币兑美元离岸汇率高于在岸汇率，说明市场对人民币汇率存有贬值预期，反之市场对人民币有升值预期。2014 年第二季度，人民币兑美元汇率在低位盘整，汇率波动较为频繁，人民币在岸即期收盘价和香港离岸市场即期收盘价均显著高于人民币中间价[①]，表明市场对人民币汇率存在比较明显的贬

----

① 自 2006 年 1 月 4 日起，中国人民银行授权中国外汇交易中心于每个工作日上午 9 时 15 分对外公布当日人民币兑主要货币汇率中间价，作为当日银行间即期外汇市场（含 OTC 方式和撮合方式）以及银行柜台交易汇率的中间价。

值预期。随着人民币汇率形成机制市场化改革的稳步推进，人民币汇率双向波动成为常态，人民币单边升值预期被打破，从而有效抑制了跨境投机性资本的流入，先前流入中国的部分投机性资本部分开始撤离。进入第三季度，人民币贬值预期逐渐弱化，随着这一波人民币贬值行情渐入尾声，预计未来人民币汇率将在均衡水平上下浮动。

（四）国内经济疲软态势短期难以扭转，投资者悲观情绪上升，资本流出苗头显现

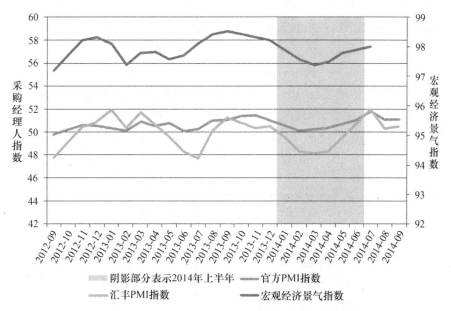

图 13　2012 年 9 月至 2014 年 9 月中国宏观经济形势

资料来源：Wind，IIS。

图 13 显示了 2012 年 9 月至 2014 年 9 月中国宏观经济形势，数据指标包括官方 PMI 综合指数、汇丰 PMI 综合指数以及中国宏观经济景气指数①。2014 年第一季度，官方 PMI 指数、汇丰 PMI

---

　　① PMI 即采购经理人指数，PMI 指数的荣枯线为 50，一般来说，PMI 指数高于 50，显示经济正在扩张，反之预示经济正在衰退。

指数和宏观经济景气指数均处于下行通道，宏观经济显现出较明显的疲弱态势。进入第二季度，宏观经济形势有所好转，但经济动能仍显不足。综合来看，2014年上半年中国经济活动水平总体偏弱，经济增长动能稍显不足。目前，中国国内地方债务问题较为突出，房地产市场依旧低迷，这两大不利因素给宏观经济带来较大拖累，中国未来经济增长前景难言乐观。在此背景下，国际市场出现了一波唱空中国经济的浪潮，部分海外投资开始撤出中国，外国对华直接投资净流入规模已连续两个季度出现下滑。

（五）美联储量化宽松政策逐渐退出，升息步伐加快，中美利差现收窄趋势，美元指数触底回升，跨境套利空间缩小

图14　2012年9月27日至2014年9月27日中美利差及
美元指数走势

资料来源：Wind，IIS。

图14显示2012年9月27日至2014年9月27日中美一年期国债收益率之差（即中美利差）以及美元指数走势，阴影部分表

示 2014 年上半年的情况。2014 年上半年，中美利差大幅收窄（如白色箭头所示），虽然第二季度中美利差较第一季度有所扩大，但仍处低位且波动较大。另外，受益于美国经济超预期复苏以及美联储退出量宽步伐加快，美元指数开始触底反弹（如黑色箭头所示），美元料将走强。两种因素叠加使跨境套利空间缩小。这是第二季度中国资本和金融账户出现逆差的一个重要原因。

（六）2014 年上半年全球地缘政治冲突不断，地区安全形势不断恶化，全球投资者风险规避程度强化，跨境资本流出压力增大

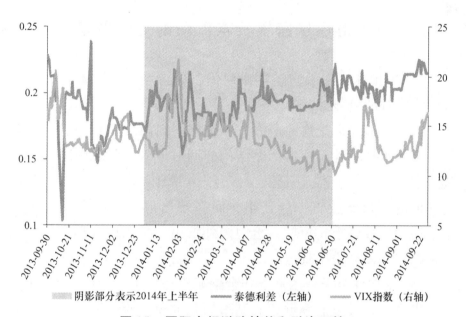

图 15　国际市场避险情绪和融资环境

注：市场波动率 VIX 指数根据标普 500 指数期权的隐含波动率计算，数值越高说明市场恐慌情绪越重；泰德利差为 3 月份伦敦银行间同业拆借市场（LIBOR）美元利率和同档美国国债收益率之差，主要反映市场资金状况，差距扩大说明市场资金趋紧，银行借贷成本提高。

资料来源：Wind，IIS。

图 15 显示 2013 年 9 月 30 日至 2014 年 9 月 30 日市场波动率

VIX 指数及泰德利差的变化情况。2014 年上半年，巴以冲突、叙利亚内战、乌东危机等全球地缘政治冲突不断；"伊斯兰国"等极端恐怖组织给地区安全形势带来严峻挑战；埃博拉疫情在非洲肆虐并有不断向外蔓延的趋势；美联储加快退出量化宽松等给全球经济蒙上阴影，上半年尤其是一季度国际市场上恐慌情绪弥漫，全球投资者风险规避程度强化，跨境资本流动加剧。从图 15可以看出，第一季度 VIX 指数处于高位震荡。进入第二季度，市场恐慌情绪逐渐消散。从泰德利差的走势来看，上半年外部市场融资环境未见紧张，预计第三季度跨境资本波动将有所缓解。

三　对中国跨境资本流动的近期展望

（一）预计未来中国经常账户仍将保持顺差，顺差规模出现进一步上升的可能性较小

未来中国经常账户的走势，取决于国内前期一系列稳增长政策效果的可持续性及出口产业结构的调整成效。随着中国劳动力工资水平的不断上涨及资源、环境压力的日益增大，国内一些低附加值的出口产业正加速迁出，而高端出口产业尚在发育过程中，还未形成规模，短期会给中国外贸出口带来巨大压力。中国经常账户顺差规模出现进一步上升的可能性较小。

（二）预计未来中国资本和金融账户将保持一定程度的波动

未来，人民币汇率形成机制市场化改革、资本账户开放、人民币国际化和国内经济金融体制改革的稳步推进，预计会给中国资本和金融账户带来一定程度的波动。至于是资本净流入还是净流出则需要综合考虑中国和美国未来的宏观经济走势及市场对人民币汇率的升贬值预期。